R
824

LE SILENCE.

ÉTUDE MORALE ET LITTÉRAIRE.

PAR

M. ÉMILE MOULIN,

INSPECTEUR D'ACADÉMIE.

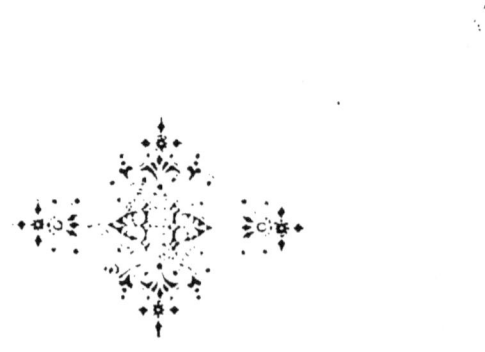

MONTAUBAN,

IMPRIMERIE ET LITHOGRAPHIE FORESTIÉ, RUE DU VIEUX-PALAIS.

1885.

LE SILENCE.

ÉTUDE MORALE ET LITTÉRAIRE.

Cette Étude a été lue à l'Académie des Sciences, Belles-Lettres et Arts de Tarn-et-Garonne dans la séance du 2 mai 1885.

LE SILENCE.

ÉTUDE MORALE ET LITTÉRAIRE,

PAR

M. ÉMILE MOULIN,

INSPECTEUR D'ACADÉMIE.

MONTAUBAN,
IMPRIMERIE ET LITHOGRAPHIE FORESTIÉ, RUE DU VIEUX-PALAIS.

1885.

LE SILENCE.

ÉTUDE MORALE ET LITTÉRAIRE.

Messieurs,

Quand un général est à la tête d'une armée nombreuse et aguerrie, quand il commande à de vieilles troupes habituées à vaincre, quand il sait que ses arsenaux sont abondamment pourvus d'armes et de munitions dès longtemps amassées, et quand lui-même connait à fond la technique de la guerre et tous les secrets d'une stratégie savante, ce général peut hardiment engager des batailles et entreprendre des conquêtes ; mais quand un simple officier n'a à sa disposition qu'un faible corps de troupes, il doit être prudent, circonspect, il doit ménager ses hommes et se restreindre à des actions de guerre de moindre importance. Ces quelques mots qui, si vous le voulez bien, me serviront d'exorde en même temps que d'introduction auprès de vous, vous feront comprendre comment et pourquoi, dans un autre ordre d'idées et dans un but essentiellement pacifique, j'ai dû ne m'aventurer que dans un champ restreint et me borner en quelque sorte à une simple reconnaissance.

Ce que je vais avoir l'honneur de vous exposer est le résumé des notes que j'ai pu prendre et des réflexions que j'ai pu faire en étudiant un mot de notre langue française, un seul. Ce mot est le mot dont on a dit que celui qui le nomme le rompt, et dont on a donné une définition dont la forme bien qu'énigmatique est cependant transparente et que voici :

Je ne suis rien. J'existe cependant,
Les lieux les plus cachés sont les lieux que j'habite.
Le sage me connaît, l'imbécile m'évite.
Personne ne me voit ; jamais on ne m'entend.
 Du sort qui m'a fait naître
 La rigoureuse loi
 Veut que je cesse d'être,
 Dès qu'on parle de moi.

Vous avez tous compris, Messieurs, que le mot de cette énigme est le mot *silence*, et c'est précisément celui dont je me suis proposé de vous entretenir.

J'étudierai le *silence* sous ses divers aspects : j'exposerai d'abord sa nature et son usage au point de vue de la langue et de la grammaire ; je me demanderai ensuite quel est son rôle, quelle est son importance et en quelque sorte sa moralité dans l'homme et dans la société ; je me mettrai enfin en sa présence dans la nature et je m'efforcerai de pénétrer le sens caché et d'expliquer l'influence de sa mystérieuse et ineffable grandeur.

I.

Qu'est-ce que le *silence* au point de vue de la langue et de la grammaire? L'étymologie de ce vocable n'est pas douteuse et la filiation qui le rattache au latin *silentium* et l'on fait dériver est indiscutable : il n'y a donc pas lieu d'insister. Grammaticalement le *silence* est un substantif commun du genre masculin, et dont le sens général et ordinaire s'applique, selon l'Académie française, à l'état d'une personne qui se tait, et, par analogie, dans ce même sens, au langage écrit, et aussi, figurément, au calme et à la cessation de toute sorte de bruit. En dehors de ces deux acceptions principales, sur lesquelles nous aurons à insister, car elles sont en quelque sorte le fond de notre travail, disons tout de suite et pour n'y plus revenir, que le mot silence est souvent employé dans un sens métaphorique.

C'est ainsi que l'on dit « passer sous silence ou mettre en oubli, » c'est-à-dire ne pas parler de certains faits, de certaines personnes ; c'est dans ce sens qu'Hernani termine une énumération fameuse par ces mots qui font aujourd'hui partie de la langue courante : « J'en passe et des meilleurs. »

On dit : « le silence de la loi, » en parlant des cas que la loi n'a pas prévus ; « le silence de la presse, » lorsque la presse ne mentionne pas tels faits, tels évènements, soit volontairement, soit parce qu'il est mis des entraves à sa liberté. C'est aussi lorsqu'elle n'est pas libre que l'on parle, au figuré, « du silence de la tribune ; » c'est enfin dans un sens également figuré que Racine a dit :

L'arche sainte est muette et ne rend plus d'oracles.

Le silence qu'on impose à ses passions est un silence métaphorique ; c'est par métaphore que l'on dit imposer silence à la médisance et à la calomnie, c'est-à-dire à ceux qui se servent de ces deux armes au profit de leur haine et de leur impuissance. Molière a dit :

Les envieux mourront, mais non jamais l'envie.

Autant peut-on en dire, je le crains, de la médisance, et de la calomnie qui sont aussi immortelles. Nous aurons à revenir sur ce point, et nous verrons la différence qu'il y a entre l'expression métaphorique imposer silence à la médisance et à la calomnie, et cette autre expression : leur opposer le silence, qui a une tout autre signification.

Le silence est encore employé au figuré dans quelques cas particuliers : en musique, un *silence*, dit Littré, est chacun des moments pendant lesquels, dans le courant d'un morceau, les chanteurs ou les instruments se taisent. C'est dans ce sens que Buffon a dit que les différentes phrases du chant du rossignol sont entremêlées de silences, de ces silences qui, dans tout genre de mélodie, concourent si puissamment aux grands effets. En déclamation le silence s'applique aux suspensions que fait celui qui parle. Voltaire en parlant de Lekain, le plus grand tragédien du XVIIIe siècle, écrivait à d'Argental qu'il avait des silences trop longs. En peinture enfin, le silence se dit du calme qui règne dans un tableau, dans les valeurs, dans la tonalité du coloris et dans la disposition des lumières. Une remarquable toile qui se trouve dans la grande salle de votre musée Ingres, sous le numéro 277, fait, à mon sens, heureusement comprendre ce que c'est que le silence dans la peinture. Comme ce paysage est en effet calme et reposé, comme cette lumière qui l'inonde est silencieuse, et silencieuse aussi cette eau tranquille où ces maisons se réflètent dans une placidité sereine ! Oui, le silence qui règne sur cette toile est profond et, si je puis dire, sincère. Je me permets de vous en recommander, à ce point de vue, l'examen attentif.

Revenons à la grammaire : le silence joue encore un rôle qui lui est spécial ; il est interjection : Silence ! et il peut, sous cette forme, avoir une force et une énergie singulières. Deux autres interjections jouent un rôle analogue mais avec des différences assez sensibles, ce sont les interjections Chut ! et Paix ! Quelques citations me permettront, je crois, d'établir avec précision dans quel sens ces interjections sont généralement employées.

Chut ! invite à la discrétion. Ce mot prête aux sous-entendus, au mystère, avec un je ne sais quoi de fin, d'épigrammatique ou de malicieux. On le dit, en général, tout bas et en mettant un doigt sur la bouche.

Une dame âgée de 90 ans disait un jour à M. de Fontenelle, alors âgé de 95 ans : « La mort nous a oubliés. » — Chut ! lui répondit M. de Fontenelle, en mettant le doigt sur sa bouche. C'est l'application fine et spirituelle du proverbe : « Il ne faut pas réveiller le chat qui dort. »

Chut ! peut être une invitation à la prudence et arrêter sur une pente dangereuse l'étourdi que sa langue trop bien pendue pourrait compromettre. Une scène de l'*Amour médecin*, de Molière (acte II, scène 1), nous en offre un piquant exemple :

LISETTE. — Que voulez-vous donc faire, Monsieur, de quatre médecins ? n'est-ce pas assez d'un pour tuer une personne ?
SGANARELLE. — Taisez-vous, quatre conseils valent mieux qu'un.
LISETTE. — Est-ce que votre fillette ne peut pas bien mourir sans le secours de ces Messieurs-là ?
SGANARELLE. — Est-ce que les médecins font mourir ?
LISETTE. — Sans doute, et j'ai connu un homme qui prouvait, par bonnes raisons, qu'il ne faut jamais dire : une telle personne est morte d'une fièvre et d'une fluxion sur la poitrine, mais : elle est morte de quatre médecins et deux apothicaires.
SGANARELLE. — Chut ! n'offensez pas ces Messieurs-là.

Mais la rusée Lisette n'en veut pas démordre et continue encore sur le même ton.

Chut ! prête, je l'ai dit, aux sous-entendus, dans cette jolie chanson, par exemple, de Gustave Nadaud dont le mot lui-même Chut ! est le titre et dont je vous demande la permission de citer le premier couplet :

> Grand papa, vous êtes sévère,
> Un seul mot vous met en courroux.
> Il faudrait pour vous satisfaire
> Avoir soixante ans comme vous.
> Pourtant, si nous devons en croire
> Ce qu'on nous dit de votre histoire...
>
> Chut ! mes enfants, parlez plus bas,
> Cela ne vous regarde pas.

Citons un dernier exemple où Chut ! est employé, sans être cependant tout à fait à sa place, car il est, à cause de son allure familière, en opposition avec la solennité de la circonstance et du lieu où il est prononcé.

Enée va raconter ses aventures à Didon. Virgile dit dans un vers solennel et majestueux :

> Conticuere omnes, intentique ora tenebant.

Et Scarron, qui en fait la parodie, traduit ainsi :

> Après que la Reine eut dit : Chut !
> Chacun prit un siège et se tut.

L'interjection Paix ! demande plus impérativement le silence. Elle invite à se taire, c'est-à-dire à ne pas faire de bruit, à rester paisible et tranquille. Dit d'un ton sec, le mot Paix ! peut avoir une grande force, comme, par exemple, dans cette scène du *Don Juan*, de Molière.

Sganarelle s'adressant à son redouté maitre lui dit : « Apprenez de moi, qui suis votre valet, que le ciel punit tôt ou tard les impies, qu'une méchante vie amène une méchante mort, et que...

Don Juan — Paix ! »

Et Sganarelle se le tient pour dit... pour le moment. Car, un peu plus tard, à l'acte suivant, remis de cette alerte, il recommence à sermonner Don Juan, et comme celui-ci prend un air menaçant, Sganarelle se rappelle la brusque et récente apostrophe de son maître et s'adressant la parole à lui-même, il se dit : Paix ! coquin que vous êtes, vous ne savez ce que vous dites, et Monsieur sait ce qu'il fait.

Employé interjectivement, le mot Silence ! a beaucoup plus de force et de solennité que les interjections dont nous venons de voir quelques applications. L'interjection

Silence! a un caractère essentiellement impératif. C'est une invitation à se taire à laquelle il faut obtempérer, et, dans certaines circonstances, elle peut être l'expression d'une vive impatience ou d'un mépris hautain.

Quelquefois c'est un intermédiaire, un salarié qui est chargé de demander le silence au public auquel il s'adresse, et de l'obtenir, s'il le peut. De même que chez les Romains le silentiaire *(silentiarius)* était chargé de maintenir dans le silence les esclaves ou les clients des citoyens de haut rang, de même, dans nos sociétés modernes, l'huissier a, entre autres missions, celle d'inviter au silence le public qui assiste aux délibérations des corps politiques ou aux débats judiciaires des tribunaux.

> Huissier, qu'on fasse silence,
> Dit en tenant audience,
> Un président de Beaugé,
> C'est un bruit à tête fendre.
> Nous avons déjà jugé
> Dix causes sans les entendre.

Il ne faut pas en croire cette épigramme maligne, qui ne vise, du reste, que le tribunal de Beaugé, et à défaut du respect même qu'inspire, comme on aurait dit sous le premier Empire, le Temple de Thémis, il est consolant de penser que la voix de l'huissier, pour peu qu'elle ait de force et de patience, arrive à dominer les bruits qu'elle a charge de faire cesser.

Le rôle de silentiaire est également tenu par la sonnette des présidents. C'est là un précieux et infatigable auxiliaire, dont les accents clairs et stridents se font entendre au loin, mieux que ne saurait faire la voix même la plus glapissante des huissiers. Et cependant, ses appels désespérés sont-ils toujours entendus et écoutés ?

Le plus souvent, c'est directement et sans l'intermédiaire de sonnette ou d'huissier que l'intéressé invite au silence. Dans le train ordinaire de la vie, combien de fois n'avons-nous pas l'occasion de nous servir de cette interjection : Silence ! ou d'en entendre faire usage autour de nous. Un exemple entre tant d'autres : c'est le mot que prononce le professeur dans sa chaire, pour obtenir de ses élèves le calme qui leur permettra de profiter de ses doctes leçons. C'est son *quos ego...* et il faudrait que les vents fussent bien osés pour ne pas obéir à Neptune en courroux.

L'emploi de cette interjection, qu'on ne saurait prononcer qu'avec le ton impératif, est réservé conséquemment à ceux qui ont qualité pour commander ou qui s'en arrogent le droit.

L'exemple que je vais emprunter au récit de l'une des plus mémorables séances de la Constituante de 1789 (séance du 28 février 1791), sera la justification du terme dont je me suis servi plus haut, quand j'ai dit que l'interjection Silence ! pouvait être l'expression d'un mépris hautain.

Dans la discussion fameuse de la loi sur l'émigration, la première loi de la Terreur, Mirabeau prononça une de ses plus belles harangues. Après avoir obtenu le rejet, à l'unanimité, de cette loi violente et injuste :

« Mirabeau, et je laisse ici la parole à Michelet, Mirabeau persista dans l'ordre du jour pur et simple et voulut parler encore. Alors un homme de la gauche : « Quelle est donc cette dictature de M. de Mirabeau ? » Celui-ci qui sentit bien que cet appel à l'envie, à la passion ordinaire des assemblées, ne manquerait pas son but, s'élança à la tribune et, quoique le président lui refusât la parole. « Je prie, dit-il, Messieurs les interrupteurs de se rappeler que j'ai toujours combattu le despotisme; je le combattrai toujours. Il ne suffit pas de compliquer deux ou trois propositions (Murmures plusieurs fois répétés). *Silence!* aux trente voix... Si l'ajournement est adopté, il faut qu'il soit décrété que d'ici là il n'y aura pas d'attroupement. »

« Et il y avait attroupement, on ne l'entendait que trop. Les trente qui cependant avaient ce peuple pour eux, n'en furent pas moins atterrés et ne sonnèrent mot. Mirabeau avait fait tomber d'aplomb sur leur tête la responsabilité et ils ne répondaient pas. Le public, la foule inquiète qui remplissait les tribunes, attendait en vain. Jamais il n'y eut un coup plus fortement asséné. »

Vous le voyez, Messieurs, selon l'emploi qui en est fait et selon les circonstances où il en est fait usage, le mot Silence employé interjectivement est une invitation à se taire faite d'une façon plus ou moins impérieuse, ou est même une apostrophe lancée par le sarcasme et le mépris.

Pour achever l'étude du mot Silence, au point de vue grammatical, il nous reste à dire qu'il est quelquefois employé elliptiquement. Dans ce cas, il peut avoir un sens et un caractère particuliers, comme le feront voir les deux passages que je vais citer.

Dans la pièce célèbre où Casimir Delavigne nous retrace, avec une patriotique émotion, la scène du supplice de Jeanne la bonne Lorraine, comme l'a appelée Villon, le poète, avec ce seul mot Silence, nous peint la physionomie de l'armée anglaise :

Silence au camp! la Vierge est prisonnière ;
Par un injuste arrêt Bedford croit la flétrir ;
Jeune encore, elle touche à son heure dernière....
Silence au camp! la Vierge va périr.

Voici le second exemple :

Dans la dernière strophe de son ode à Bonaparte, Lamartine avec ce seul mot : Silence! nous invite à ne pas sonder les desseins de Dieu et à rester muets en présence du cercueil qui renferme, avec les cendres du héros, le secret de l'impénétrable jugement de la Providence :

> Son cercueil est fermé : Dieu l'a jugé : Silence !
> Son crime et ses exploits pèsent dans la balance.
> Que des faibles mortels la main n'y touche plus !
> Qui peut sonder, Seigneur, ta clémence infinie ?
> Et vous, fléaux de Dieu, qui sait si le génie
> N'est pas une de vos vertus ?

II.

En abordant l'étude du silence dans l'homme, c'est-à-dire des causes de toute nature qui le portent et le déterminent à ne pas faire usage de la parole, comment ne pas vous entretenir quelques instants de ces êtres que la nature a condamnés à un silence éternel, des sourds-muets. La science a été, jusqu'à ce jour, à peu près impuissante à rompre le lien fatal qui tient captive la langue des sourds-muets, comme à rendre à leur oreille la faculté de percevoir les sons qui se produisent autour d'elle et il a fallu un miracle de l'amour filial, miracle qui ne s'est pas renouvelé, pour qu'un jour le fils de Crésus, grâce à un effort surhumain, déchirât les entraves qui retenaient sa langue et poussât, du fond de son cœur, le cri qui devait sauver son père. Mais heureusement la philanthropie a suscité au siècle dernier l'abbé de l'Epée, qui a su par une méthode que l'amour de l'humanité lui avait inspirée, rendre à la vie intellectuelle et à la vie sociale les malheureux affligés d'un mutisme de naissance. Grâce à cette méthode ingénieuse, le sourd-muet aujourd'hui entend avec les yeux et parle avec les mains, car cette méthode consiste, nous dit l'abbé de l'Epée, à faire entrer par les yeux dans leur esprit, ce qui est entré dans le nôtre par les oreilles; il convient d'ajouter qu'elle consiste encore à faire sortir de leur esprit, par les mains, ce qui sort du nôtre par la langue. Cette méthode, dont l'abbé de l'Epée avait fait avec succès l'application, a été perfectionnée depuis par l'abbé Sicard. Il n'est pas dans notre propos d'insister davantage sur ce sujet; disons cependant qu'à sa mort, qui eut lieu en 1789, l'abbé de l'Epée eut la consolation de savoir que le Gouvernement prendrait, après lui, sous sa protection l'établissement auquel il avait voué sa vie; le Roi, en effet, s'en déclara le protecteur, et l'Assemblée constituante fonda en 1791 l'Institution Nationale des sourds-muets à Paris.

L'homme peut donc être condamné à un silence éternel, lorsque c'est la nature qui l'a voulu ainsi, mais en dehors de ces tristes dérogations à la loi commune qui veut que l'homme puisse faire usage de la parole, le silence auquel l'homme peut être condamné ou auquel il s'astreint lui-même volontairement, n'a en général qu'une durée limitée et ne présente pas le caractère d'une règle absolue ou irrévocable.

Tel est, par exemple, le silence que le médecin recommande comme remède à un malade, quand ce n'est pas le malade lui-même qui se soumet au silence, soit par faiblesse et impuissance de parler, soit par sagesse et raison. Il ne m'appartient pas, vu mon incompétence, de vous faire connaître tous les cas dans lesquels le silence peut être une prescription hygiénique, il en est un cependant dans lequel tout le monde reconnaît qu'il est bon de ne faire, que le moins possible, usage de la parole, lorsque, par exemple, on souffre de la poitrine ou des voies respiratoires. La privation ou l'abstention de la parole motivée par ces sortes de maladies est toujours pénible et on se soumet peu volontiers à un régime qui vous impose le silence. Je puis en appeler au témoignage de Boileau, qui a fait à Racine la confidence de ses ennuis, de ses tourments, alors qu'il était atteint d'une extinction de voix. Il lui avait été recommandé « de ne point faire d'effort pour parler, et s'il se pouvait de n'avoir commerce qu'avec des gens d'une oreille fort subtile, ou qui vous entendent à demi mot. » Il avait été prendre les eaux de Bourbon et s'était mis au lait d'ânesse, mais, hélas! la guérison ne venait pas, la guérison si ardemment désirée qu'il en rêvait :

« Avec tout ce que je vous dis, écrit-il à Racine, je ne me couche point que je n'espère le lendemain m'éveiller avec une voix sonore ; et quelquefois même, après mon réveil, je demeure longtemps sans parler pour m'entretenir dans mon espérance. Ce qui est de vrai, c'est qu'il n'y a point de nuit que je ne recouvre la voix en songe; mais je reconnais bien ensuite que tous les songes, quoi qu'en dise Homère, ne viennent pas de Jupiter, ou il faut que Jupiter soit un grand menteur. Cependant je mène une vie fort chagrine... »

Plus tard il écrit à son ami qu'il ne « se compte pas au rang des choses vivantes » jusqu'au jour où il lui apprend que son laquais lui ayant demandé quelque chose, il lui a répondu un *non* à pleine voix, d'où il conclut que sa voix n'est pas entièrement perdue, ce qui lui permit d'attendre avec plus de patience sa guérison future et complète.

Quelques lignes extraites de la correspondance d'Eugène Delacroix avec Berryer vont nous faire voir encore combien le silence imposé par la maladie est pénible à supporter et dispose l'âme à une sombre mélancolie.

Dans les premiers jours de l'été de 1857, Berryer avait invité Delacroix, auquel l'unissaient des liens de parenté, à venir à Augerville; mais Delacroix était alors à Champrosay, souffrant de la poitrine et du larynx, et il était condamné à l'immobilité et au silence. Sa réponse à Berryer nous fait connaître son état de tristesse :

« Je suis réduit à lire... je me suis trouvé dans un accablement fébrile que je ne savais comment définir... j'espère bien, mon cher cousin, que vous ne pouvez pas vous empêcher de me plaindre. J'ai été atteint plus profondément que je ne croyais, puisqu'au bout de six mois, j'en suis à frémir sur la moindre démarche. »

Et Berryer lui répond :

« Votre lettre m'a fort contristé; je vous vois souffrant du larynx et d'un peu trop de mélancolie... Dans nos promenades nous avons dit tout d'une voix que, malgré le mutisme que vous êtes obligé de vous imposer, il n'est pas bon que vous demeuriez enfermé dans une solitude aussi absolue; il faut que vous repreniez, en *silence*, plus d'activité de vie et que vous vous donniez des distractions. »

Se donner des distractions ! Les gens bien portants en parlent à leur aise, lorsqu'ils donnent des conseils à des malades. Ceci me remet en mémoire que Racine aimait à raconter ce trait de son médecin qui, lui ayant défendu de boire du vin, de manger de la viande, de lire et de s'appliquer à quoi que ce soit, avait ajouté... du reste réjouissez-vous !

Le silence ne concourt pas seulement à la guérison du corps lorsque les organes vocaux ou ceux de la respiration sont fatigués ou malades, il concourt aussi à la réfection de l'esprit lorsque celui-ci a besoin de prendre quelque repos et de se retremper dans la solitude et dans le calme de la méditation. Le silence est, dans ce cas, à la parole pour le repos de l'esprit, ce que la nuit est au jour pour le repos du corps. Le silence est donc pour l'esprit un réparateur et un nourricier, et Bacon a excellemment parlé quand il a dit que le silence était le repos de l'âme.

Après ce que je viens de dire du silence, qui est le silence hygiénique du corps et de l'âme, je vais me demander quel est le caractère et quel est le rôle du silence de l'homme, soit seul, soit dans ses rapports de société. Disons tout d'abord que ce rôle est considérable et que si la parole est la première puissance du monde, il n'est pas moins vrai de dire, avec le P. Lacordaire, que le silence en est la seconde. J'ouvre ici une parenthèse et je vous prie de ne pas oublier que le silence de l'homme qui se tait, pour quelque motif que ce soit, ne vaut et n'exprime que grâce surtout à la physionomie, à l'attitude, au maintien, au regard de cet homme. Sans ces auxiliaires naturels et indispensables, le silence n'aurait ni valeur, ni expression, et ne serait dans l'homme qu'un état transitoire purement passif ou négatif, de même que c'est le ton et l'organe, comme aussi l'attitude et la physionomie de l'homme qui parle, qui donnent à la parole une partie de son originalité, de sa force et de son prestige.

Ceci étant posé, nous allons examiner ce qu'est le silence de l'homme dans ses plus ordinaires manifestations.

Le silence peut être chez l'homme une conséquence de son caractère, de son humeur, de son tempérament ou bien la résultante non seulement d'une tendance ou disposition naturelle, mais aussi d'une tactique et d'un calcul, mais il est surtout le moyen dont il se sert, et ce moyen est réfléchi et voulu, pour exprimer les divers états de son âme ou les sentiments qu'il éprouve, que ces sentiments soient doux, calmes, bienveillants ou qu'ils soient violents et passionnés, comme l'amour, la haine, le ressentiment, la colère ou le mépris.

Lorsque l'homme se tait par une sorte d'exigence de son tempérament et de son caractère, ou qu'il s'abstient de la parole par réflexion, par calcul et par tactique, on dit qu'il est taciturne ou silencieux. Voyons quels sont les caractères généreux de ces deux modes de l'homme qui se tait.

Le taciturne éprouve une répugnance instinctive à parler et il semble que son idéal soit le silence du muet; c'est avec une extrême difficulté qu'on lui arrache quelques mots, qui semblent sortir péniblement et après efforts de sa bouche; lorsque les usages ou les convenances exigeraient qu'il parlât, il se tait; il est souvent atrabilaire et mécontent; non seulement il n'est jamais communicatif, mais il est ou semble complètement fermé, inaccessible et impénétrable. Le taciturne est une espèce de sphinx qui met en défaut la perspicacité des esprits les plus clairvoyants, de ceux même qui, comme dit Dante dans son langage énergique :

... non veggon pur l'opra
Ma per entro i pensier miran col senno.

qui ne voient pas seulement les actions, mais dont l'intelligence lit les pensées au fond de l'âme.

Que peut-on lire à travers le masque impassible et comme figé du taciturne?

La taciturnité est une sorte de demi mutisme de naissance congruent à l'humeur et au caractère de l'homme qui en est atteint; elle n'exclut cependant pas la simplicité ni la douceur.

« On le voyait, dit Diafoirus, en parlant de son fils Thomas, toujours doux, paisible et taciturne, ne disant jamais mot et ne jouant jamais à tous ces petits jeux que l'on nomme enfantins. » — *Malade imaginaire*, II, 6.

Ecoutez ce que nous dit Esther d'Assuérus, du fier Assuérus, qui sans doute aussi était un taciturne, ce qui semble être le caractère habituel des despotes de l'Orient:

  Devant ce fier monarque, Elise, je parus.
  Dieu tient le cœur des rois entre ses mains puissantes,
  Il fait que tout prospère aux âmes innocentes,
  Tandis qu'en ses projets l'orgueilleux est trompé.
  De mes faibles attraits le roi parut frappé :
  Il m'observa longtemps dans un sombre silence,
  Et le ciel qui pour moi fit pencher la balance,
  Dans ce temps-là sans doute agissait sur son cœur.
  Enfin, avec des yeux où régnait la douceur :
  Soyez reine, dit-il, et dès ce moment même,
  De sa main sur mon front posa son diadème.

La taciturnité est la marque ordinaire des caractères froids, réservés, tenaces et flegmatiques. Guillaume d'Orange, qui est devenu roi d'Angleterre en 1688, en a été un exemple si frappant, qu'il est en quelque sorte le type de l'homme taciturne et qu'en parlant de lui on dit tout court: le Taciturne.

Si la taciturnité est une prédisposition innée, elle peut être aussi la suite et la conséquence définitive des douleurs ou des chagrins contre lesquels nous sommes impuissants à réagir, parce qu'ils ont pénétré jusqu'au plus profond de nos âmes, et ont en quelque sorte altéré à jamais tout notre être, dans ses fibres les plus intimes. Ce mutisme accidentel, qui est un état maladif et souvent incurable, porte le nom d'humeur noire ou hypocondrie.

Le silencieux, sans être un ennemi aussi intraitable de la parole que le taciturne, est celui qui par une disposition naturelle de son tempérament ou de son esprit, ne parle guère ou n'aime pas à parler. Cette disposition naturelle est, en général, l'indice d'une humeur calme, d'un tempérament froid, d'un caractère réservé et d'un esprit sérieux et réfléchi. Dans une conversation, par exemple, le silencieux parle généralement peu, il estime que la réserve et le silence offrent moins d'inconvénients et de périls que la parole, et qu'il est préférable de se taire quand on ne sait pas avec précision ce qu'on veut dire ni comment on veut le dire. Le silencieux se rappelle, en se l'appliquant, le mot de ce philosophe, qui disait que si l'homme avait reçu deux oreilles et une seule bouche, c'est qu'il vaut mieux écouter que parler. L'homme timide, modeste, toujours en défiance de soi-même est également un silencieux : « Le silence, dit La Rochefoucauld est le parti le plus sûr pour celui qui se défie de soi-même. » Mais il peut arriver aussi que la réserve que l'on garde en parlant peu est la marque d'une tendance au dédain ou l'affectation d'une délicatesse hautaine et méprisante. L'habitude de se taire peut aussi être contractée par un acte de la volonté, et à force de s'y étudier on peut se donner le renom d'être un homme silencieux, et lorsqu'on a réussi à le faire croire à ceux qui vous entourent ou vous fréquentent, on devient ou plutôt on passe homme fort, grave, profond et austère.

Nous allons maintenant examiner comment et dans quelles circonstances l'homme qui n'est ni taciturne ni silencieux par nature, par étude ou par calcul se sert du silence dans la vie ordinaire et dans la pratique habituelle. Avant d'entrer dans quelques détails, nous ferons cette remarque générale que le silence peut interpréter nos sentiments d'une façon précise, forte et même très énergique. Le silence accentue en quelque sorte et souligne, car il est par lui-même une preuve que lui seul, en se substituant à la parole, a assez de force pour interpréter des sentiments que la parole est impuissante à traduire. C'est pour cette raison qu'on dit souvent que, dans tel cas donné, le silence est plus éloquent que la parole.

Le silence peut être un signe d'approbation ou d'acquiescement. « Qui ne dit mot consent, » dit le proverbe, ce qui n'est cependant pas toujours vrai, car il arrive parfois que si l'on regarde le silence comme un acquiescement, c'est parce qu'on n'a pas laissé ou qu'on ne veut pas laisser à celui à qui l'on fait une demande le temps de répondre. Combien n'y a-t-il pas de personnes qui, par timidité, par crainte de déplaire, n'osent pas refuser ce qui leur est demandé ? Qui ne dit mot ne consent donc quelquefois qu'en apparence, et la langue du droit est plus conforme à la réalité lorsqu'elle dit : *Qui tacet consentire videtur; consentire videtur* et non pas *consentit*.

Souvent même le silence est un signe de refus, soit de donner une chose qui vous est demandée, soit de répondre à une question qui vous est faite ou d'entrer dans des explications qui vous paraissent difficiles ou inopportunes. Dans ce dernier cas le silence devient alors une sorte de silence d'inertie. « Il n'est pire sourd, dit le proverbe, que celui qui ne veut pas entendre. » Ce silence voulu et médité a été, dans bon nombre de comédies, l'occasion de scènes divertissantes et qui ont, de plus, le mérite d'être naturelles et vraies ; je me contenterai de rappeler à votre mémoire la scène fameuse de Don Juan, bernant M. Dimanche, et faisant l'oreille invinciblement sourde à ce qu'il ne lui donne même pas le temps d'articuler. Vous vous rappelez aussi la scène des Fourberies de Scapin, où ce rusé compère feint de ne pas voir et de ne pas entendre Géronte qui court après lui et s'égosille à l'appeler ; dans quelques instants, Géronte, à son tour, uniquement préoccupé des 500 écus dont on veut le dépouiller, ne répondra pas aux pressantes instances de Scapin ou répondra à côté.

Le silence est également volontaire et réfléchi quand on ne veut pas avoir entendu quelque injure grossière, quelque interpellation brutale ou quelque réflexion blessante faite à côté de vous, tout bas... pour qu'elle soit mieux entendue. C'est le silence du sang-froid que je nommerais aussi le silence de ferme propos. Si vous n'êtes pas personnellement visé et si c'est autrui qu'on attaque en votre présence, votre silence, quand il n'est pas un blâme sévère, fait voir du moins que vous ne vous faites pas solidaire de l'injure et de la calomnie, et que loin de l'encourager vous la réprouvez. Un ancien proverbe s'exprime clairement sur ce point et dit que le médisant a le diable sur la langue, et que l'écoutant l'a dans l'oreille, ou, en termes plus précis, que l'écoutant fait le médisant. N'écoutez pas le médisant, soit, mais soyez plus courageux encore et prenez hautement la défense de celui qui est attaqué en votre présence.

On a encore recours au silence pour ne pas contredire ouvertement une personne qui avance une opinion fausse ou paradoxale, qui émet des prétentions peu fondées ou s'attribue des qualités et des mérites qui n'ont d'autre base qu'une imagination complaisante ou un amour-propre exagéré. Ce silence est le silence de l'incrédulité ou du doute que l'on pourrait, je crois, appeler aussi le silence de l'ironie.

Un silence d'une nature différente est celui que garde l'homme embarrassé, lorsqu'il n'a pas l'explication ou lorsqu'il ne comprend pas le sens de ce qui se passe autour de lui. Le silence de cet homme, lorsqu'il a assez de présence d'esprit pour ne pas laisser voir qu'il est décontenancé, pourrait s'appeler un silence de maintien; on reste sur ses gardes, on se tient coi, on ne parle pas, de peur de se compromettre. C'est le silence et l'attitude que garde Basile dans la scène II de l'acte 3 du *Barbier de Séville*: il ne comprend rien à ce que disent Rosine, Bartolo, le comte et Figaro, et fait en aparté cette réflexion : « Qui diable est-ce donc qu'on trompe ici ? Tout le monde est dans le secret... » Excepté lui.

Je rapprocherai volontiers du silence de l'homme embarrassé le silence de l'homme qui reste interdit quand on lui pose une question à laquelle il est dans l'impossibilité de répondre. Le parti le plus sûr est, en effet, de se taire, à moins de reconnaître franchement qu'il vous est impossible de répondre.

Permettez-moi de vous citer, à titre d'exemple, un fait dont je ne vous garantis pas l'absolue authenticité, mais dont on peut dire que *se non è vero, è bene trovato*.

Dans un examen, une question est posée à un candidat. Ce candidat restant muet et comme interdit, l'examinateur, dans un esprit de bienveillance, sans doute, lui dit : Est-ce que ma question vous embarrasse? Le candidat, qui reculait devant l'obligation où il était de répondre, et éloignait le plus possible le moment où il lui faudrait avouer son ignorance, eut la présence d'esprit de répondre à la deuxième question de l'examinateur, naïvement ou finement : « Ce n'est pas la question qui m'embarrasse, c'est la réponse. » La chronique ne dit pas quelle fut la fin de l'incident, ni si le candidat a été reçu ou non. Peut-être méritait-il de ne pas être refusé.

Le silence de l'homme sournois ou dissimulé a un tout autre caractère que celui de l'homme embarrassé ou interdit, et on doit être toujours sur ses gardes en présence de l'homme qui se tait par dissimulation. Il y a longtemps que le conseil a été donné de tenir en suspicion ce silence énigmatique et dangereux. Nous lisons dans Denys Caton ce distique :

> Demissos animo ac tacitos vitare memento :
> Quà flumen placidum est, forsan latet altius unda.

Evitez les gens moroses et taciturnes : quand le courant est tranquille, l'eau peut être plus profonde.

C'est ce que dit aussi le proverbe français : « il n'est pire eau que l'eau qui dort. »

Un autre silence d'un caractère moins dangereux est celui que nous gardons quand nous n'écrivons pas à nos amis. C'est souvent par négligence, par oubli, faut-il ajouter par insouciance, que nous gardons ce silence, et, chose curieuse, nous retombons presque toujours dans ce défaut que nous nous reprochons cependant régulièrement. Serait-ce donc, on pourrait le croire, que nous attendons ainsi pour avoir une entrée en matière naturelle, un début de lettre aisé et toujours prêt. Le nombre est sans doute incalculable des lettres qui commencent par une prière d'excuser le silence coupable que l'on a gardé. Je me hâte d'ajouter qu'il y a d'honorables exceptions... qui confirment la règle. Le commerce épistolaire peut donc être, nous le voyons tous les jours, coupé de silences plus ou moins longs. Heureusement les conséquences n'en sont pas irréparables, à la condition toutefois qu'on ne laisse pas à l'herbe le temps de pousser sur le chemin de l'amitié.

Il en est de même dans les relations du monde, dans les rapports de société. Ces relations peuvent être momentanément interrompues pour des causes multiples, quelquefois sérieuses, souvent futiles, et ces brouilles, lorsqu'elles n'amènent pas une rupture complète et définitive, peuvent ne pas altérer gravement des sentiments de cordialité et d'affection qui ne subissent alors qu'une éclipse momentanée. Ce que Térence *(Andrienne*, acte 3, scène VI) a dit de l'amour et des amoureux : « *Amantium iræ amoris integratio sunt.* »

Querelles d'amoureux, redoublement d'amour,

peut s'appliquer à ces brouilles, à ces fâcheries, souvent suivies de raccommodements. « Nous nous saluons, mais nous ne nous parlons pas. » N'avez-vous pas quelquefois entendu prononcer cette sorte de formule. Rassurez-vous : ils se reparleront.

Le silence, qui est l'interprète des brouilles, l'est aussi du blâme et du mécontentement. Quand un enfant ou un jeune homme a commis une faute, le silence de ses maîtres ou de ses parents traduit avec éloquence leurs sentiments à l'égard du coupable, et cette manière de punir la faute commise produit souvent plus d'effet qu'une réprimande en règle ou qu'une punition effective. « Télémaque, nous dit Fénelon *(Télémaque,* liv. VI), sentait combien il était coupable et indigne de l'amitié de Mentor. Il n'osait lever les yeux, de peur de rencontrer ceux de son ami, dont le silence même le condamnait. »

Le silence qui est le signe du mécontentement peut également être l'indice de la honte et du regret après une faute commise et, qui plus est, il est en quelque sorte l'aveu même de cette faute. Le coupable, sous le poids du remords ou vaincu par l'évidence, garde le silence. Aussi, au lieu de dire : *Habemus confitentem reum*, pourrait-on dire : *Habemus tacentem reum*. Ces deux expressions seraient en effet souvent équivalentes. Il ne faudrait cependant pas confondre le silence aveu du coupable avec le silence de l'accusé qui peut être innocent et à qui ni menaces, ni tortures, ne peuvent arracher l'aveu d'un crime qu'il n'a pas commis. Ce n'est pas un aveu non plus, mais bien la plus éloquente des protestations que le silence de celui qui pour sauver son ami, se laisse accuser quoique innocent, et qui, pour ne pas le dénoncer, se renferme dans un mutisme noblement obstiné. C'est le silence héroïque. Il y a par contre, hélas ! le silence ignominieux du lâche, qui laisse accuser et condamner un innocent qu'il peut sauver par un mot. Un passage touchant d'un conte d'Alfred de Musset nous en offre un exemple. Vous connaissez le sujet du conte dont *Simone* est le titre. Un jeune homme du nom de Pascal a trouvé la mort en portant à sa bouche la tige d'une sauge envenimée, et Simone est accusée de l'avoir empoisonné. Lagine, une voisine de la pauvre fille injustement accusée, sait comment Pascal est mort, mais elle n'a pas le courage de parler et de sauver Simone :

>A tous ces discours Simonette
>Ne comprenant que son chagrin,
>Restait la tête dans sa main
>Plus immobile et plus muette
>Qu'une pierre sur un tombeau
>Qui devait parler? C'est Lagine.
>Venant d'une âme féminine,
>Un tel courage eût été beau.
>Ce qu'elle fit, on le devine.
>Elle se tut, faute de cœur.

Le silence ne convient pas moins à exprimer des sentiments tout différents de ceux que j'ai déjà soumis à votre bienveillante attention, et comme la liste est longue encore de ceux dont j'ai à parler, je crains bien de voir le silence indulgent et sympathique, je le crois, que vous avez bien voulu me prêter jusqu'ici, se transformer en une autre espèce de silence, dont je dois faire mention aussi bien que des autres et qui est le silence de la résignation.

Je poursuis donc et je vais vous parler des silences qui sont les interprètes du sentiment des convenances ou des sentiments de réserve et de délicatesse. C'est le sentiment des convenances et des usages de la société polie qui nous apprend à garder, dans le monde, un silence respectueux ou une réserve déférente lorsque nous sommes avec des personnes d'un grand âge, ou qui occupent par leurs fonctions ou par leur mérite personnel un rang considérable. C'est un sentiment de délicatesse qui nous fait garder le silence pour ne pas blesser les convictions ou les opinions des personnes qu'il nous serait pénible de contredire. C'est par un sentiment de même nature que nous taisons ce qui pourrait être une cause de chagrin ou de peine pour les personnes que nous aimons, que nous estimons et pour lesquelles nous devons avoir des égards, des attentions ou des ménagements.

Les sentiments de réserve respectueuse peuvent avoir le silence pour interprète, lorsque nous croyons exprimer mieux ainsi nos sympathies douloureuses après la perte d'une personne qui nous est chère. J'en trouve une preuve poétique et touchante dans les stances, *Le 13 juillet* qu'Alfred de Musset consacre à la mémoire du duc d'Orléans, son ami. Je vais, si vous le voulez bien, vous en citer les deux strophes suivantes :

Ce fut un triste jour, quand, sur une civière,
Cette mort sans raison vint nous épouvanter.
Ce fut un triste aspect, quand la nef séculaire
Se para de son deuil, comme pour le fêter.
Ce fut un triste bruit, quand, au glas funéraire,
Les faiseurs de roman se mirent à chanter.

Nous nous tûmes alors, nous, ses amis d'enfance.
Tandis qu'il cheminait vers le sombre caveau,
Nous suivions le cercueil en pensant au berceau;
Nos pleurs, que nous cachions, n'avaient pas d'éloquence,
Et son ombre peut-être entendit le silence
Qui se fit dans nos cœurs autour de son tombeau.

Le poëte ne pouvait pas mieux, au contraire, nous faire comprendre combien ces pleurs cachés et ce silence du cœur étaient éloquents.

Un autre exemple que j'emprunte à un roman anglais, va nous montrer combien, dans les circonstances funèbres, le silence peut témoigner d'une douleur profonde et respectueuse, et atteindre même au pathétique le plus touchant.

Le passage que je vais mettre sous vos yeux est le récit que le colonel Morden fait à un ami des obsèques de Clarisse Harlowe. Vous me pardonnerez, je l'espère, la longueur de cette citation :

« Une heure du matin. — En vain j'ai essayé de prendre du repos, vous m'avez dit de vous donner beaucoup de détails; il me serait impossible de me les défendre, ce sujet mélancolique remplit toute mon âme. Il est minuit, je vais continuer mon récit. A six heures, le char funèbre est arrivé à la porte de la cour du château, l'église de la paroisse est à quelque distance; mais le vent soufflait avec tant de force, qu'il nous apporta de loin le bruit des cloches, et qu'il fit sentir à la désolée famille un redoublement de deuil et d'angoisse, avant même que le char funèbre eût paru; nous apprîmes que le bruit des cloches était un témoignage de respect donné à la mémoire de la chère défunte par les habitants de la paroisse. Jugez maintenant par notre tristesse dans l'attente de ce moment funèbre, combien elle dût être plus grande lorsque le char arriva. Un domestique vint pour nous apprendre ce que le bruit sourd des lourdes roues du char sur le pavé de la cour nous avait dit d'avance; il ne parla pas, il ne pouvait parler; il nous regarda, il s'inclina et sortit. Je me levai, il n'y avait que moi qui pût se lever; son frère cependant me suivit. »

« Ce qui vous frappe dans ce récit, ajoute M. Villemain, ce sont ces expressions si vives, si originales et en même temps si naturelles; c'est ce vent froid du Nord qui apporte d'avance le bruit de la cloche, qui fait sentir la douleur avant que le deuil lui-même ne soit là, cette énergique vérité de détails étendue à tout, qui fait que ce domestique n'a point de paroles, qui fait de son *silence* une annonce si pathétique. »

C'est qu'en effet la douleur poignante ne saurait avoir d'interprète plus éloquent que le silence, et il en est de même de toutes les douleurs qui envahissent notre âme et semblent la terrasser. Dès longtemps on a dit que les grandes douleurs sont muettes, et que les douleurs légères et superficielles parlent avant même d'être guéries ou consolées :

Curæ leves loquuntur, ingentes stupent.

a dit Sénèque le Tragique, dans Hercule, sur le mont Œta.

Il n'est si grand'douleur qu'une douleur muette.

a dit après lui, au XVIe siècle, le poète Joachim du Bellay.

Cet effet physiologique qui retire à l'homme l'usage de la parole peut être également produit par la peur qui, nous le savons, ne se raisonne pas ou par un saisissement occasionné par un accident subit, ou même par un bonheur inespéré et imprévu. Et cet effet parfois est si terrible que non seulement il arrête inopinément la parole qui est comme étouffée, mais qu'il peut même troubler la raison et suspendre ou supprimer les fonctions de la vie.

Les anciens exprimaient d'une façon énergique cette sorte d'étranglement du gosier :

ὃν δέ μευ ἀμφασίη ἐπέων λάβε, dit Homère.
Il fut longtemps dans l'impuissance de parler.

Vox faucibus hæsit, dit Virgile :

Sa voix s'est arrêtée dans sa gorge.

Les effets d'une joie inespérée ont été décrits avec une grande puissance dramatique, dans une pièce de Madame Emile de Girardin, pièce qui est restée célèbre, et qui a pour titre ce dicton populaire : « La joie fait peur. » Les effets d'une grande douleur n'ont pas été dépeints avec une moindre énergie dans un passage célèbre de la *Lettre à Lamartine*, d'Alfred de Musset. Ce passage est dans la mémoire de tous, mais il est si beau, que je vous demande la permission de vous le citer encore :

> Lorsque le laboureur regagnant sa chaumière,
> Trouve le soir son champ rasé par le tonnerre,
> Il croit d'abord qu'un rêve a fasciné ses yeux,
> Et, doutant de lui-même, interroge les cieux.
> Partout la nuit est sombre et la terre enflammée,
> Il cherche autour de lui la place accoutumée
> Où sa femme l'attend sur le seuil entr'ouvert ;
> Il voit un peu de cendre au milieu d'un désert,
> Ses enfants demi-nus sortent de la bruyère
> Et viennent lui conter comme leur pauvre mère
> Est morte sous le chaume avec des cris affreux ;
> Mais maintenant au loin tout est silencieux.
> Le misérable écoute et comprend sa ruine.
> Il serre désolé ses fils sur sa poitrine :
> Il ne lui reste plus, s'il ne tend pas la main,
> Que la faim pour ce soir et la mort pour demain.
> Pas un sanglot ne sort de sa gorge oppressée ;

Muet et chancelant, sans face et sans pensée,
Il s'asseoit à l'écart, les yeux sur l'horizon,
Et regardant s'enfuir sa moisson consumée,
Dans les noirs tourbillons de l'épaisse fumée,
L'ivresse du malheur emporte sa raison.

Si la joie et le rire sont, dit-on, contagieux, la douleur peut l'être également. Il peut y avoir une communication secrète et tacite, entre deux ou plusieurs personnes éprouvées par une douleur commune, et il arrive alors que le silence est l'interprète le plus éloquent, dans cet échange muet des pensées intimes et mélancoliques.

C'est dans une spirituelle parodie du VIe livre de Télémaque, par E. Verconsin, que je vais, chose curieuse, trouver, pour la mettre sous vos yeux, la peinture de ce silence de la sympathie douloureuse.

Mentor pour émouvoir Télémaque et le décider à quitter l'île de Calypso, lui fait le tableau de l'existence triste et sombre que mènent à Ithaque Ulysse et Pénélope, en l'absence d'un fils bien-aimé, qu'ils n'osent peut-être plus espérer revoir, et il lui dit :

..... « Chaque matin aux Dieux,
Demandant le retour de leur fils auprès d'eux,
Ils font un sacrifice, et puis, la nuit venue,
Quand leur cruelle attente est encore déçue,
Au foyer domestique ils reviennent s'asseoir,
N'ayant pour compagnon que leur seul désespoir.
Ils ne se parlent pas... Qu'auraient-ils à se dire?
Même cachant leurs pleurs, ils tâchent de sourire
Pour se tromper l'un l'autre. Hélas ! c'est vainement,
Et leur regard fixé sur un siège vacant,
Explique à chacun d'eux tout ce que l'autre pense
Et le secret motif de leur sombre silence. »

Pour des vers de parodie, vous le voyez, Messieurs, ils n'en traduisent pas avec moins de précision, de netteté et de sérieux, ajouterai-je, l'effet produit par une douleur partagée.

Où la parodie est sans voiles, c'est dans les deux vers que voici :

> L'un se taisait, l'autre ne disait rien.
> Ainsi finit ce pénible entretien.

Puis-je dire qu'au fond ces deux vers ne sont pas aussi burlesques ni aussi ridicules qu'ils le paraissent, si l'auteur a voulu parler de deux attristés.

Le sentiment de la douleur n'a pas, nous venons de le voir, d'interprète plus éloquent que le silence, et c'est encore le silence, je vais essayer de vous le faire voir, qui convient le mieux au sentiment de la satisfaction intime, même quand cette satisfaction est intense et vive. Les Grecs et les Romains se servaient d'un terme bien expressif en parlant du bonheur intime, et ils ajoutaient même que le sage fait bien de goûter sans bruit cette joie intérieure.

Χαίρειν ἐν θυμῷ, — disaient les Grecs, — se réjouir dans son cœur;
Ἐν θυμῷ, γρηῦ, χαῖρε καὶ ἴσχεο (Homère),
Que la nourrice chargée d'ans contienne la joie de son cœur.

Les Latins disaient de même : *in sinu gaudere*, qui est la traduction de l'expression grecque.

> Qui sapit in tacito gaudeat ille sinu — a dit Tibulle, —
> Que celui qui est sage renferme sa joie dans son cœur.

L'expansion se comprend sans doute quand nous éprouvons une joie douce et surtout quand notre joie est vive et inattendue, et il est même bon que le bonheur soit expansif, car il fait naître dans les âmes généreuses et exemptes d'envie, une sympathie salutaire, mais il n'en est pas moins prudent et moins sage, et c'est une faculté que possèdent seules les âmes d'élite, de ne pas laisser s'exhaler en quelque sorte le parfum des joies intimes et de le savourer sans jactance et sans bruit.

C'est ainsi que l'avait compris une femme de génie, une illustre romancière anglaise, George Eliot. Lorsque *Adam Bede*, un de ses chefs-d'œuvre, eut paru :

« Dickens, nous dit Schérer, dans une remarquable étude qu'il vient de consacrer à George Eliot, Dickens fut un des premiers à exprimer son admiration. La lecture d'Adam Bede, écrivait-il à l'auteur, avait fait époque dans sa vie. Herbert Spencer était dans l'enthousiasme, assurant qu'il se sentait meilleur pour avoir lu ce livre. La tête de George Eliot ne lui tourna cependant pas. « Je chante tout bas mon *Magnificat*, disait-elle, et j'éprouve une grande joie, une joie profonde et silencieuse, mais peu d'écrivains, je le crois, ont moins connu que moi le transport et le sentiment de triomphe qu'on décrit comme l'effet du succès. »

Admirable exemple d'une haute et sereine modestie et que le génie seul peut inspirer !

Le sentiment que la joie fait naître en nous peut, nous venons de le voir, atteindre un haut degré d'énergie et d'intensité, mais ce sentiment ne saurait aller jusqu'à la passion comme l'amour. Or nous allons voir que le silence n'est pas un interprète moins éloquent de l'amour. Des écrivains, dont on ne saurait récuser le témoignage, vont nous le dire : c'est d'abord Pascal, qui dans son *Discours sur les passions de l'amour*, s'exprime ainsi :

« En amour, un *silence* vaut mieux qu'un langage; il est bon d'être interdit, il y a une éloquence de *silence* qui pénètre plus que la langue ne saurait faire. »

Molière exprime la même pensée quand il dit dans *Don Garcie de Navarre* (acte 1er, scène I) :

> Un soupir, un regard, une simple rougeur,
> Un *silence* est assez pour expliquer un cœur.

et dans la *Princesse d'Elide* (acte 1er, scène I) :

> Ces longs soupirs que laisse échapper votre cœur,
> Et ces fixes regards si chargés de langueur
> Disent beaucoup sans doute à des gens de mon âge.

Lamartine ne parle pas autrement dans la quinzième de ses nouvelles méditations, dans les *Préludes* :

> Un seul soupir du cœur que le cœur vous renvoie,
> Un œil demi-voilé par des larmes de joie,
> Un regard, un *silence*, un accent de sa voix,
> .....
> O lyre, en disent plus que ta vaine harmonie.

M. Sully-Prudhomme, enfin, nous dit la puissance et le charme du silence pour exprimer l'amour, dans des stances finement délicates que vous ne me reprocherez pas, je l'espère, d'avoir mis sous vos yeux.

> Le meilleur moment des amours
> N'est pas quand on dit : je t'aime.
> Il est dans le silence même,
> A demi rompu tous les jours.

Il est dans les intelligences
Promptes et furtives des cœurs,
Il est dans les feintes rigueurs
Et les secrètes indulgences.

Il est dans le frisson du bras
Où se pose la main qui tremble,
Dans la page qu'on tourne ensemble
Et que pourtant on ne lit pas.

Heure unique, où la bouche close
Par sa pudeur seule en dit tant,
Où le cœur s'ouvre en éclatant
Tout bas, comme un bouton de rose.

Où le parfum seul des cheveux
Paraît une faveur conquise...
Heure de la tendresse exquise,
Où les respects sont des aveux.

Nous venons de voir quel rôle peut jouer le silence comme interprète de l'amour. Il pénètre, comme nous le disait tout à l'heure Pascal, plus que la langue ne saurait faire. Ce sera avec la même éloquence que le silence traduira les sentiments de la haine et du ressentiment. Comme tout à l'heure, je ne crois pas pouvoir mieux faire que de m'appuyer sur des témoignages littéraires d'une haute et incomparable valeur. C'est Homère et Virgile que je vais avoir la bonne fortune, pour le cas qui nous occupe, de mettre à contribution.

Vous vous rappelez, Messieurs, la grande scène de l'évocation des morts au chant XI° de l'*Odyssée*. Dans cette scène, les ombres des guerriers grecs apparaissent successivement à Ulysse, et lui racontent leurs douleurs.

« Seule, dit Ulysse, à qui je vais laisser la parole, seule se tient à l'écart l'âme d'Ajax, fils de Télamon, courroucée encore de la victoire que j'ai remportée, lorsque près des vaisseaux nous nous sommes disputé les armes d'Achille. L'auguste Thétis plaça devant le camp cette merveilleuse armure, et nous prîmes pour juges les fils des Troyens et Minerve. Hélas! pourquoi l'ai-je remporté ce funeste triomphe qui précipita dans la tombe cette noble tête, cet Ajax, le plus beau, le plus vaillant des Grecs, après l'irréprochable fils de Pélée. Cependant j'adresse au héros ces paroles de regrets :

« Ajax, fils du noble Télamon, ne devrais-tu pas, après la mort, oublier le courroux qui t'anime contre moi, à cause de ces armes fatales que les Dieux nous donnèrent pour le malheur des Argiens? Elles t'ont fait périr, toi, notre rempart, et les Grecs contristés ont pleuré ta mort autant que celle du fils de Pélée. Mais personne n'est coupable que Jupiter, dont la haine redoutable poursuivait notre armée, et qui t'a livré à la Parque. Approche, ô roi! Laisse-toi fléchir, dompte ta haine et ton cœur irrité!

« Telles sont mes prières; mais, sans me répondre, il va se confondre dans l'Erèbe avec la foule des âmes. » — *Odys.*, liv. XI, v. 541, sqq., trad. Giguet.

L'autre exemple est tiré de l'*Enéide*. Ce n'est pas, cette fois, un homme, un guerrier, un héros, c'est une femme qui va exprimer par le silence toute l'énergie de sa haine et de son ressentiment.

Enée, pendant son séjour aux enfers, où il est descendu à l'exemple de l'Ulysse d'Homère, entre dans le champ des pleurs, *lugentes campi*, où errent à l'écart, dans des sentiers mystérieux, ceux que le poison de l'amour a consumés et qui, dit-il, conservent leurs soucis, même après le trépas. Parmi les femmes victimes de l'amour, il aperçoit la reine de Carthage, dont la blessure saigne encore, *Phœnissa recens a vulnere Dido.*

« Dès que le héros Troyen fut près d'elle, dit Virgile, et l'eut reconnue dans l'obscurité, comme on voit ou comme on croit voir la lune nouvelle briller entre les nuages, il versa des larmes et lui adressa la parole avec un tendre intérêt : Infortunée Didon, il est donc vrai que vous ne viviez plus et que, dans votre désespoir, vous aviez tranché le fil de vos jours ? Votre trépas, hélas ! c'est moi qui l'ai causé. J'en jure par les astres, par les Dieux du ciel, par tout ce qu'il y a de sacré aux enfers, c'est malgré moi, ô Reine, que j'ai quitté vos rivages. Je n'ai fait qu'obéir aux ordres impérieux des Dieux qui me forcent aujourd'hui à descendre dans le royaume sombre, dans ces lieux incultes et couverts d'une nuit profonde; et j'étais loin de m'attendre que mon départ dût vous causer tant de douleur. Arrêtez et ne vous dérobez point à mes regards. Pourquoi me fuir ? C'est la dernière fois que le destin me permet de vous parler. »

« Par de tels discours entremêlés de larmes, Énée cherchait à calmer cette ombre courroucée qui lui lançait de farouches regards. Mais Didon, détournant la tête, tenait ses yeux baissés vers la terre; elle ne témoigna aucune émotion aux paroles du héros : on dirait le rocher le plus dur, un marbre du Marpesse. Enfin, elle s'échappe et s'enfonce avec colère dans un épais bocage, où Sichée, son premier époux, partage son amour et répond à sa tendressse. Cependant Énée, sensible à son infortune, la suit longtemps du regard en pleurant et en plaignant son malheur. » — *Énéide*, liv. VI, v. 449, sqq., trad. Pessonneaux.

Tout commentaire, il me semble, est inutile après la lecture de ces deux scènes, dont la simplicité égale la grandeur, et qui mettent si bien en relief le sens profond de ce silence interprète de la haine et du ressentiment. Voyons maintenant si le silence est une arme assez bien trempée pour qu'on puisse l'opposer efficacement et victorieusement à la médisance et à la calomnie. Ce serait, je crois, se faire illusion que d'espérer réduire à l'impuissance ces deux pestes immortelles, dont les coups sont toujours obliques et obscurément portés, et qui auront toujours beau jeu dans leur lutte contre la probité, le mérite, l'honneur et la vertu, qui ne peuvent combattre qu'à découvert. Quelles armes employer contre les allégations mensongères, les insinuations perfides, les dénonciations haineuses, les injures et les insultes ? Il n'en est qu'une : le silence, interprète froid et impassible du dédain et du mépris. On peut et on doit, si on a la conscience haute et libre, une conscience qui *nullâ pallescit culpâ*, on peut et on doit ne rien entendre, et il n'est pas nécessaire de mettre dans ses oreilles une cire protectrice, comme faisait Ulysse pour rester sourd aux chants séducteurs des Sirènes, car il suffit d'un acte de volonté pour ne pas entendre.

> Quum rectè vivas, ne cures verba malorum
> Arbitrii non est nostri quid quisque loquatur.

« Si votre vie est pure — dit Denys Caton — méprisez les propos des méchants, car il ne dépend pas de vous d'empêcher le monde de parler. »

Aux attaques de l'envie, de la médisance, de la calomnie, les âmes fortes opposent le silence et le mépris par dignité et par respect d'elles-mêmes ; les âmes supérieures se taisent et méprisent par un sentiment de souveraine indifférence, et ce sont ces âmes là qui, par surcroit, sont capables d'oubli. C'est par le silence et le mépris qu'on est invulnérable et qu'on goûte un calme que rien ne trouble et une satisfaction bien légitime. C'est dans ce sens, sans doute, qu'un vigoureux écrivain qui était aussi un penseur énergique, Lanfrey, a dit que le mépris était un grand consolateur. Cette même pensée a été tout récemment exprimée d'une façon originale et saisissante par un de ces hommes qui illustrent tout un siècle et qui honorent l'humanité tout entière. Voici ce que disait naguère M. de Lesseps dans son discours de réception à l'Académie française :

« Il n'y a pas d'œuvre nouvelle qui n'ait pour ennemis les ignorants et les malveillants. Les premiers, parce qu'ils connaissent mal le résultat où vous tendez ou ne le connaissent pas, et qu'ils ne sont dans le secret ni de vos moyens ni de votre force. Ceux-là, il faut les éclairer; une fois convertis, ils deviennent des adeptes fervents et des auxiliaires précieux. Quant aux autres, les sceptiques, les haineux, les insulteurs même, il n'y a pas à s'en occuper. Le proverbe arabe dit : « Les chiens aboient, la caravane passe... » j'ai passé. »

Aux silences qui expriment la douleur et le mépris, je vais faire succéder un silence qui n'est pas non plus dans la note gaie. C'est le silence que garde l'homme pour qui le mariage n'a pas été la source d'un bonheur sans mélange et sans amertume. Ce silence, qui est d'une nature très délicate, n'est pas facile à qualifier et ce n'est qu'en pensant à ce qu'on appelle une grâce d'état que je me suis demandé si on ne pourrait pas l'appeler un silence d'état.

C'est à ce silence, qu'il conseille, du reste, que Sosie fait allusion dans les derniers vers de l'*Amphitryon*, de Molière :

Le grand dieu Jupiter me fait beaucoup d'honneur...
    Mais enfin coupons aux discours,
Et que chacun chez soi doucement se retire.
    Sur telles affaires toujours
    Le meilleur est de ne rien dire.

La Fontaine est du même avis, lorsqu'il dit dans *Joconde* :

> Le moindre bruit que l'on peut faire,
> En telle affaire,
> Est le plus sûr de la moitié.

Il est vrai d'ajouter que ce silence ne lui paraissait pas difficile à garder à lui La Fontaine, car il dit dans la *Coupe enchantée* :

> Quand on l'ignore ce n'est rien,
> Quand on le sait c'est peu de chose.

Lanoue, dans la scène III de l'acte 1er de la *Coquette corrigée*, est aussi partisan du silence, et il dit :

> Le bruit est pour le fat, la plainte est pour le sot,
> L'honnête homme trompé s'éloigne et ne dit mot.

Cette manière de voir est enfin partagée et le même conseil est donné par Julien, dans la *Gabrielle*, d'Émile Augier, à ceux qui ont le malheur de traverser cette douloureuse épreuve conjugale :

> Moi, si j'étais trompé, je ne me battrais pas,
> J'éconduirais l'amant en douceur et tout bas,
> Estimant que traîner notre honneur sur la claie
> N'est pas le vrai moyen d'en refermer la plaie,
> Et qu'un sage silence est le seul appareil
> Qu'on y doive poser en accident pareil.

Après ce silence d'état, je vais vous dire quelques mots d'un silence spécial qui porte un nom bien connu, et dont on fait une application constante à ceux qui, par modestie, par défiance d'eux-mêmes, ou quelquefois par dédain ou par une sorte de coquetterie raffinée, n'osent pas ou ne veulent pas faire courir à leurs œuvres les risques de la publicité. C'est le silence prudent de Conrart, un silence proverbe formulé par Boileau ; ce silence est le refuge et la ressource de ceux qui n'ayant que du goût, sans avoir de génie, se taisent par esprit de sage réserve et de délicatesse réfléchie. Ajoutons que ce silence est plus littéraire que la parole de ceux qui écrivent quand ils devraient se contenter de lire, et gardons-nous de les blâmer. Il est même rassurant de penser, car la médiocrité et la vanité parlent assez et font assez parler d'elles, que Valentin Conrart, le prudent Conrart, aura toujours des imitateurs.

Un silence qui n'est pas moins prudent et aussi sage est celui que l'on doit garder à l'égard des confidences ou des secrets qui vous sont confiés par un ami ; on est tenu de garder le silence et d'être discret, même lorsqu'il s'agit de choses de minime importance ; il ne faut pas couvrir sa légèreté ou se préparer à soi-même une excuse en se servant de cette locution banale : « Vous savez, c'est entre nous, » ou bien : « Au moins, ne le dites à personne. » L'expérience, du reste, nous apprend que le plus sûr moyen pour que le silence soit gardé sur ce que l'on ne veut pas voir divulgué, c'est de commencer par ne pas le dire soi-même.

Quand on exerce des fonctions publiques, on est tenu, par devoir, de garder le silence sur toutes affaires ayant un caractère personnel ou confidentiel, et ce silence porte le nom particulier de silence professionnel, ou, comme on dit aussi, de secret professionnel. Il a été, tout récemment, beaucoup parlé du secret professionnel à propos d'une publication faite par un personnage qui a occupé une haute situation dans la hiérarchie administrative. Je n'ai pas à traiter ici ce sujet; j'en dirai cependant un mot, un seul. Alphonse Karr a mis un jour en circulation ce mot qui a fait fortune : « La propriété littéraire est une propriété. » Ne pourrait-on pas dire de même : Le secret professionnel est un secret.

Cette réserve silencieuse à laquelle sont tenus tous les fonctionnaires en général, est de stricte et absolue obligation pour les diplomates et pour les hauts fonctionnaires de l'État. Un silence impénétrable doit être gardé lorsqu'on est dépositaire de ce qu'on appelle un secret d'État. Le divulguer est un crime de haute trahison.

Le secret de la confession est aussi, et au premier chef, un secret inviolable : le dépôt confié au silence et à l'honneur du prêtre est un dépôt sacré, et le prêtre commet un crime inexpiable qui abuse de la confiance que son caractère a inspirée et qui dévoile le secret de la confession.

III.

Après avoir étudié les différents caractères du silence de l'homme considéré dans sa personnalité et dans ses rapports avec la société, nous allons maintenant porter notre attention sur la nature, la physionomie et la signification du silence dans les réunions ou agglomérations d'hommes plus ou moins nombreuses et dans les foules.

Disons d'abord que le silence peut être de règle ou d'obligation, ou imposé par l'usage, le bon ton et les convenances. Ainsi l'on doit garder le silence quand on assiste à la leçon ou à la lecture d'un conférencier, ou bien encore au cours public d'un professeur, les applaudissements qui coupent le silence par intermittence étant d'ailleurs autorisés ; à l'armée, dans le rang, les soldats sont tenus de garder le silence, d'où cette invitation familière dont on se sert quelquefois : Silence ! dans les rangs. Au théâtre, lorsqu'on assiste à la représentation d'une œuvre dramatique, comédie, drame, opéra ou tragédie, il est de bon ton de garder le silence, sous peine d'être rappelé à l'ordre et aux convenances par le public qui vous entoure. Il convient d'ajouter que le silence peut être rompu, lorsque l'admiration, l'enthousiasme met sur nos lèvres le mot : Bravo ! qui en est l'ordinaire traduction ; mais lorsque notre émotion et notre satisfaction intérieure ont pu se donner ainsi jour et carrière, le silence reprend ses droits et veut être observé de nouveau.

Dans les églises, dans les temples et dans tous les édifices consacrés au culte, le silence doit être strictement, et le mot vient de lui-même sous ma plume, religieusement observé. Il n'est jamais dérogé à cet usage qui a comme force de loi, et si le fait peut se produire, ce n'est que dans des circonstances absolument extraordinaires, comme le jour où j'en ai été le témoin. Permettez-moi, Messieurs, de vous faire part de ce souvenir personnel.

Dans les premiers mois de l'année 1848, le dimanche qui a suivi la Révolution de février, j'étais mêlé à la très nombreuse assistance qui suivait les conférences faites à Notre-Dame par le P. Lacordaire. Ce jour-là l'éloquent orateur faisant, dans une péroraison émouvante, allusion à la Révolution qui venait de s'accomplir et à ce fait d'un élève de l'école Polytechnique qui avait porté, au milieu de la foule respectueuse, un Christ du château des Tuileries, mis à sac, dans une église voisine, s'exprima ainsi :

« O Dieu, qui venez de frapper ces coups terribles, Dieu, le juge des rois et l'arbitre du monde, regardez dans une lumière propice ce vieux peuple français, le fils aîné de votre droite et de votre Église. Souvenez-vous de ses services passés, de vos bénédictions premières ; renouez avec lui l'antique alliance qui l'avait fait votre homme ; appelez-en à son cœur qui fut si plein de vous, et qui tout à l'heure encore dans les prémices d'une victoire où rien de royal ne fut épargné par lui, vous donnait des gages de l'empire qu'il n'accorde plus qu'à vous. O Dieu juste et saint, par cette croix de votre Fils que leurs mains ont portée du palais profané des rois, au palais sans tache de votre épouse, veillez sur nous, protégez-nous, éclairez-nous, prouvez au monde une fois de plus qu'un peuple qui vous respecte est un peuple sauvé. »

L'orateur achevait à peine les derniers mots de ce beau mouvement oratoire, que dans tout l'auditoire éclatèrent des applaudissements, que le respect du lieu où l'on était réuni fut impuissant à contenir, et que le P. Lacordaire releva aussitôt par ces mots qui sont restés présents à ma mémoire :

« Ne troublons pas, Messieurs, respectons le *silence* de ces voûtes saintes ; n'applaudissons pas la parole de Dieu, aimons-la, croyons-la, pratiquons-la, c'est le seul encens qui soit digne de Dieu et qui monte jusqu'à lui. »

Lorsqu'il s'agit d'une réunion d'hommes considérable, ou d'une foule immense, c'est-à-dire lorsque l'agglomération humaine se fait en nombre illimité, le silence échappe à toute prescription et à tout règlement, mais alors, pour être spontané ou voulu et réfléchi, il n'en est que mieux observé, plus profond et plus imposant. Lorsque les hommes sont réunis en foule dans des circonstances particulièrement solennelles, pour assister à un spectacle émouvant ou à une cérémonie grandiose, telle que les funérailles ou l'inauguration de la statue d'un grand homme, le silence de la foule revêt alors un caractère de grandeur et de haute moralité qui impose, et il offre de plus cette remarquable particularité que, pour si profond et intense qu'il soit, il est cependant un silence vivant. On sait et on sent qu'une grande âme anime ce grand corps à mille, à cent mille têtes : *Mens agitat molem*. Et l'on comprend que, de même que le silence de l'homme, le silence des foules peut traduire des sentiments divers de douleur, d'angoisse, de haine, de satisfaction, de joie ou d'amour. Dans les circonstances tristes et douloureuses, le silence des foules est sombre et morne; en présence des spectacles émouvants et grandioses, il est grave et solennel. Faisons cette dernière remarque que souvent à ce silence, dont la profondeur et l'intensité dépassent l'imagination, succèdent des cris, des clameurs dont l'énergie est en quelque sorte surhumaine et égale les grands bruits, les grandes voix de la nature. On dirait que la foule humaine, dont la sensibilité est extrême, est chargée d'un formidable fluide électrique, dont l'explosion est aussi puissante que l'était le silence qui le contenait et le comprimait.

Un passage de la vie de Numa, de Plutarque, va nous donner un exemple de la tenue et de la physionomie d'une grande foule humaine, dans les circonstances solennelles où ses plus graves et ses plus sérieux intérêts sont en jeu.

« Après la mort de Romulus, Numa fut élu roi à l'unanimité et on lui apporta les marques de la dignité royale. Mais il commanda qu'on attendit encore, disant qu'on devait d'abord s'assurer du consentement des Dieux. Il prit avec lui des devins et des prêtres, et il monta au Capitole que les Romains appelaient alors la colline Tarpéienne. Là, le principal augure lui voila la face ; le tourna vers le Midi et, se tenant derrière Numa, lui imposa la main droite sur la tête, fit une prière et porta sa vue de tous les côtés, pour observer ce que les Dieux feraient connaître par le vol des oiseaux ou par d'autres signes. Cependant un silence incroyable régnait dans cette foule qui remplissait le forum : tous les esprits attendaient en suspens ce qui allait arriver, jusqu'à ce qu'enfin il parut des oiseaux de bon augure et qui tirèrent à droite. Alors Numa prit la robe royale (la trabée), et il descendit de la citadelle pour se rendre au milieu du peuple. Bientôt on entendit une immense clameur de joie et le roi fut salué du nom d'homme saint entre tous et le plus chéri des Dieux. » — Trad. Pierron.

Ce phénomène d'une grande foule gardant le silence profond, auquel succède une grande clameur, est un fait dont il serait assurément facile de trouver de nombreux exemples, mais ce qui est plus rare, c'est de voir le silence d'une grande agglomération humaine faire suite à une agitation tumultueuse, bruyante et séditieuse, ainsi que nous en trouvons le poétique témoignage dans Virgile :

> Ac veluti magno in populo quum sæpè coorta est
> Seditio, sævitque animis ignobile vulgus,
> Jamque faces et saxa volant, furor arma ministrat.
> Tum pietate gravem ac meritis si forti virum quem
> Conspexere, silent, arrectisque auribus adstant :
> Ille regit dictis animos ac pectora mulcet.

« De même on voit souvent une sédition éclater au sein d'une grande cité, et la vile populace transportée de colère faire voler torches et brandons et la fureur armer tous les bras, mais si tout à coup apparaît un citoyen que sa piété et les services rendus recommandent, à sa vue la foule se tait et, immobile, lui prête une oreille attentive; il parle, et sa parole maîtrise les esprits et adoucit les cœurs. » — Trad. Pessonneau.

Spectacle sublime que celui de tout un peuple qui subit ainsi l'irrésistible ascendant de la vertu et du courage civil !

Le même hommage est rendu par le silence des foules à la manifestation du génie de l'homme, domptant la matière, accomplissant avec une précision mathématique de prodigieux travaux, ou triomphant à force d'art et de patience de difficultés qui paraissaient insurmontables. Et lorsque les circonstances se prêtent à ce que l'homme donne les preuves de la puissance de son génie en présence d'une immense agglomération humaine, alors se produisent les scènes les plus grandioses auxquelles il soit donné d'assister.

C'est d'un de ces spectacles sublimes que l'on a pu être témoin dans les premières années du règne du roi Louis-Philippe, le 25 octobre 1836, sur la place de la Concorde.

J'ouvre le *Moniteur universel* du 26 de ce même mois, et j'y lis :

« L'obélisque de Louqsor est assis sur sa base : nous nous empressons de l'annoncer à la sollicitude de la science attentive, et à l'intérêt universel qui s'attachait à cette grande question mécanique.

« Elle avait été annoncée pour onze heures, et dès le matin la place de la Concorde, le jardin des Tuileries, le pont, la rue royale et les Champs-Elysées étaient occupés par une foule innombrable, qui est restée pendant trois heures les yeux fixés sur les travailleurs en suivant tous leurs mouvements avec une vive anxiété.

« A trois heures un quart l'opération a été complètement terminée; le monolithe s'est trouvé placé avec la plus grande précision; il est arrivé exactement sur l'emplacement qu'il devait occuper. Le temps d'arrêt qu'on a pu remarquer a tenu à ce qu'on a été obligé de dégager le pied des bigues, afin qu'elles pussent se coucher plus facilement. Cette opération était prévue à l'avance. »

Ce compte-rendu du journal officiel, fait d'une façon précise et technique, a le mérite de l'exactitude et de la simplicité, mais il ne met pas assez en relief ce que cette cérémonie a présenté de grandiose et d'exceptionnel par l'énormité seule de cette foule qui comptait peut-être plus de deux cent mille personnes. Si je me permets cette critique, c'est que j'ai gardé vive encore l'impression que m'a faite le récit, par un témoin oculaire, de l'érection de l'obélisque de Louqsor. Quoique je fusse bien jeune en 1836, je n'ai jamais oublié avec quel accent ému mon père m'a parlé de cette grande solennité, à laquelle il avait assisté. Il m'a fait voir, à mon tour, dans un tableau saisissant, la ténacité d'attention de cette foule anxieuse, l'intensité et la profondeur de son silence qui, dans les derniers moments de cette palpitante opération était devenu un silence absolu, et l'explosion formidable du cri spontané qui s'échappa tout à coup de ces deux cent mille poitrines humaines, acclamant à la fois le monolithe assis triomphalement sur son piédestal, l'architecte qui avait accompli ce prodigieux tour de force et la famille royale qui présidait à cette fête.

Le silence de la foule a le même caractère de grandeur lorsqu'elle assiste au lancement des grands navires de guerre. Cette opération imposante a toujours eu le don d'exciter au plus haut point l'intérêt de tous ceux qu'elle attire et d'offrir à leur attention un spectacle aussi solennel qu'émouvant. Ce jour-là, les ports sont ouverts à la foule ; des estrades contenant des milliers de spectateurs s'élèvent autour du navire qui, dans quelques heures, va prendre possession de l'Océan. Toutes les autorités maritimes, militaires et civiles sont convoquées, et après que le clergé a solennellement béni le navire orné de mille drapeaux aux couleurs nationales, commencent les préliminaires du lancement. A partir du moment où, au signal du tambour, on retire les épontilles qui soutiennent les flancs du navire, il se fait dans toute la foule un silence qui, d'instant en instant, devient plus intense et plus profond. On ne pourrait alors entendre que les cœurs qui battent dans les poitrines qu'étreint une indicible émotion. Cependant, on a enlevé les deux dernières épontilles et les haches des matelots frappent à coups cadencés les cables puissants qui retiennent le colosse immobile et droit sur l'arête de sa quille ; tout à coup un craquement se fait entendre, et tandis que la foule immobile, muette et haletante, le suit de ses yeux et de ses vœux, le navire descend, toujours droit et majestueux, dans la mer qui s'ouvre devant lui.

Le silence de la foule est toujours anxieux et douloureux lorsqu'elle assiste à une de ces catastrophes qui trop souvent, hélas ! viennent nous visiter et nous épouvanter. Est-il un silence plus tristement éloquent que le silence désolé d'une foule qui assiste à un violent incendie, tandis que de courageux citoyens luttent contre le progrès du feu, et arrachent aux flammes des malheureux prêts à périr. De combien de scènes d'une douleur muette et désespérée n'a-t-on pas pu être témoin lors de la désastreuse inondation de 1875. Je ne fais que rappeler un souvenir toujours présent sans doute à la mémoire de chacun de vous, car, dans une partie de ce département même, le fléau a fait sentir sa puissance dévastatrice et donné à tant d'hommes de cœur la triste occasion de faire voir que leur dévouement était à la hauteur du danger et du désastre.

Une douleur profonde et morne est aussi un des caractères particulier du silence de la foule qui assiste aux funérailles d'un grand homme, lorsque sa vie publique a témoigné de l'élévation de son âme, de la puissance de ses facultés, de la hauteur de ses conceptions et de l'énergique virilité de son caractère. On n'a pas oublié les funérailles de Mirabeau, les premières dont on peut dire qu'elles ont été vraiment nationales, car à cette pompe funèbre, la plus vaste et la plus populaire qu'on eût encore vue, assista recueillie et silencieuse une foule de trois à quatre cent mille hommes. La même affluence et le même silence solennel ont honoré depuis d'autres funérailles, dont le souvenir est impérissable : au 15 décembre 1840, celles de Napoléon Ier, dont les cendres étaient transportées en grande pompe aux Invalides; en septembre 1877 celles de Thiers, l'illustre homme d'Etat et le grand politique; et enfin, en janvier 1883, celles de Gambetta, le grand patriote.

Nous venons de voir ce que le silence des foules peut ajouter de grandeur et de solennité aux divers spectacles, dont j'ai essayé de vous retracer le tableau, mais combien plus haute encore est la signification du silence d'une nation tout entière, qui n'est pas maîtresse d'elle-même ou qui est soumise au joug pesant de l'étranger. Je ne saurais vous donner une idée plus juste et plus frappante de ce que peut être ce silence amer et frémissant, qu'en vous rappelant une ode célèbre de Manzoni, intitulée *Mars 1821*, et dédiée par lui au poëte-patriote allemand, Théodore Kœrner. En voici la strophe la plus expressive :

> Con quel volto sfidato e dimesso
> Con quel guardo atterrato ed incerto
> Con che stassi un mendico sofferto
> Per pietà sul suolo stranier,
> Star doveva in sua terra il Lombardo ;
> L'altrui voglia era legge per lui ;
> Il suo fato un segreto d'altrui ;
> La sua parte servire e tacer.

« Tel que le mendiant toléré par pitié sur un sol étranger, porte un visage inquiet et humilié, aux regards abattus et incertains, tel devait être le Lombard sur sa terre natale. La volonté d'autrui était sa loi, sa destinée était le secret d'autrui ; son partage était de servir et de se taire. »

Et c'est précisément ce silence des peuples frustrés de leurs droits, et aussi bien des peuples froissés dans leurs intérêts ou blessés dans leurs légitimes aspirations, qui est pour eux le moyen d'exprimer leurs sentiments intimes et d'être à leur tour les juges de ceux qui les dirigent et les gouvernent :

Le silence du peuple est la leçon des rois.

Ce vers n'est autre chose qu'une ligne de prose, dont le premier auteur est Soanen, évêque de Senez, qui l'écrivit au moment où, sans se plaindre, il partait pour l'exil.

Le mot a depuis été repris par l'abbé de Beauvais, qui en a fait usage dans son Oraison funèbre de Louis XV.

« Le peuple, dit-il, n'a pas sans doute le droit de murmurer, mais sans doute aussi il a le droit de se taire, et son silence est la leçon des rois. »

C'est dans le même sens et en lui donnant même une énergie singulière, qu'il y a quelques jours à peine, à propos du voyage d'un prince en Irlande, l'évêque de Cashel, Mgr Croke s'est servi du mot silence dans un Mandement, dont je vais vous citer un passage significatif :

« Si les princes venaient au milieu de nous pour rétablir la Constitution, pour démolir le château de Dublin, pour mettre fin à la suprématie des Orangistes et des agissements des francs-maçons, et par dessus tout pour ouvrir un parlement irlandais, nous jetterions avec joie des fleurs sous leurs pas et nous ferions retentir les échos de leurs noms; mais, comme cela n'est pas le cas, ils ne peuvent raisonnablement attendre du peuple irlandais opprimé qu'une digne réserve et la charité de son *silence*. »

Nous rattacherons au silence des foules un silence collectif, prémédité, concerté et organisé dans un but qui est le plus souvent inspiré par la malveillance ou par un intérêt de coterie, soit politique, soit littéraire. C'est le silence qu'on pourrait appeler le silence-cabale ou le silence par conspiration. Il rappelle par son incalculable force le silence de l'inertie, dont nous avons parlé plus haut, et tous ceux que vise et atteint ce silence, orateurs, acteurs ou auteurs en sont infailliblement les victimes.

Ce qu'il faut à un orateur politique, c'est être soutenu par les applaudissements, les murmures approbateurs ou, tout au moins, l'attention sympathique de l'assemblée devant laquelle il parle ; c'est seulement alors qu'il est et qu'il reste lui-même, qu'il est maître de son argumentation et de sa parole, qu'il peut développer ses idées avec l'ampleur et la clarté qu'elles réclament, qu'il peut s'élever enfin à la plus haute éloquence et en atteindre le but suprême, qui est de convaincre, persuader et toucher. Mais si, au contraire, sa parole est accueillie par un silence froid et glacial, qui n'est alors que la manifestation contenue de l'antipathie, de la désaffection ou de l'hostilité, et s'il peut croire que ce silence a été monté et organisé par une sorte de cabale et de conspiration, l'orateur perd alors tous ses moyens, son esprit et son intelligence se troublent et s'obscurcissent, sa parole est embarrassée, hésitante; il balbutie quelques mots encore, et il ne lui reste plus qu'à s'avouer vaincu et à descendre de la tribune. Qui parcourrait nos annales parlementaires, en remontant jusqu'au jour où l'éloquence est née en France, à la vie politique, en trouverait de nombreux et frappants exemples. Dans une spirituelle étude sur l'Académie française en 1829, M. Legouvé confirme ce que nous avons dit de l'irrésistible puissance d'un mutisme de parti pris : « M. Villemain, nous dit-il, avait besoin de sympathie pour être tout lui-même. L'hostilité, au lieu de l'exciter, le décourageait. Ce moqueur ne pouvait supporter la moquerie. Il échoua un jour à la Chambre des Pairs devant l'unanimité du silence. Assailli d'interruptions, il se plaignait avec amertume de ne pas même être écouté ; soudain, par une de ces inspirations, de ces conspirations de gaminerie qui éclatent parfois dans les assemblées publiques, comme dans les classes d'écoliers, part des rangs de l'opposition un formidable chut! chut! chut!... Le silence s'établit. M. Villemain recommence, chut! chut!... et lance une première phrase, chut! chut! chut! Il la reprend... chut! chut! chut! troublé, décontençancé... et pâle, balbutiant, il descend de la tribune, écrasé par cette ironique attention et dévorant ses larmes. »

M. Legouvé ne nous parle ici que d'une sorte de gaminerie : c'est l'expression qu'il emploie, mais on peut en induire ce que doit être pour un orateur un silence qui n'est pas un silence d'ironique attention, mais un silence inspiré par une opposition ou une antipathie inexorablement hostile.

Le silence de la froideur, de l'indifférence ou le silence-cabale n'est pas moins redouté de l'acteur qui a besoin pour être soutenu, lui aussi, dans son éloquence de seconde main, non seulement par l'attention sympathique du parterre, mais encore par des marques d'approbation plus accentuées et plus bruyantes. Ce besoin d'applaudissements qui lui servent comme de tuteurs, est tellement prononcé, qu'il accepte comme étant de bon aloi les battements de mains stipendiés et en quelque sorte automatiques de ce qu'on appelle la claque. Et ce ne sont pas seulement les acteurs, dont le talent ne dépasse pas le niveau d'une honnête médiocrité, qui se plaisent à ce bruit machinalement cadencé de mains qui claquent l'une contre l'autre, sans que l'intelligence ou l'enthousiasme leur ait donné le signal, mais les acteurs eux-mêmes qui doivent une haute renommée à la puissance d'un jeu savamment inspiré, ne sauraient se passer même de ce bruit qui ressemble si peu pourtant aux applaudissements spontanés et chauds d'un enthousiasme libre et convaincu. C'était l'avis du grand tragédien Talma, qui trouvait que « rien n'est favorable à l'inspiration comme le bruit des applaudissements, et que l'artiste, se faisant facilement illusion sur la nature des marques d'approbation qu'il reçoit, acquiert, grâce aux bravos salariés, l'élan qui lui méritera plus tard des manifestations légitimes. » Après un pareil témoignage venant d'un pareil artiste, il serait difficile de ne pas reconnaître sa raison d'être à cette institution de la claque qui, une fois qu'elle a été accueillie dans un théâtre, s'y implante si solidement que l'on ne peut plus l'en déraciner.

Le silence-cabale, et c'est alors surtout qu'il porte justement ce nom, est le silence que des esprits malveillants, chagrins ou envieux organisent pour mettre à mal, ou, mieux encore, pour mettre à néant les œuvres littéraires et en particulier les œuvres théâtrales. Grâce à la presse, et cela ne serait pas possible sans elle, ce silence peut être méthodiquement organisé, et un oubli sans fond et sans fin est la destinée qui attend les œuvres autour desquelles on a pu, comme on dit, faire le silence. Les cabales bruyantes, sifflantes, hurlantes même, montées contre les œuvres qu'elles veulent tuer, et l'histoire en serait curieuse, n'atteignent pas toujours le but qu'elles poursuivent, car elles n'amènent le plus souvent que des chutes retentissantes, et leur écho assure les victimes contre l'oubli, quand ce n'est pas la valeur même de l'œuvre qui l'avait fait naître immortelle, comme le *Cid*, de Corneille, et la *Phèdre*, de Racine. Nous entendons parler encore aujourd'hui, grâce au tapage mené contre elles par d'impuissantes coteries, de pièces qui n'auraient pas pu lutter contre la conspiration du silence.

IV.

Comme suite et comme conclusion de l'étude que nous venons de faire du silence, considéré comme interprète muet et souvent éloquent de l'homme, il ne serait pas hors de propos d'établir une sorte de parallèle ou de comparaison entre le silence et la parole, et de se demander lequel l'emporte sur l'autre. Pour instruire ce procès et peser dans une équitable balance les mérites ou les défauts de l'un et de l'autre, et les arguments que tous deux peuvent invoquer, on pourrait les mettre en présence et aux prises, et les inviter à plaider leur *pro domo suâ*, comme l'ont fait les membres et l'estomac, les frelons et les mouches à miel, le nez et la bouche, la main droite et la main gauche, le vin de Bourgogne et le vin de Bordeaux, dans des dialogues qui ont laissé dans la littérature quelques traces légères ou fugitives; mais comme on ne saurait, sans une bizarrerie par trop grande, même dans un dialogue de pure fantaisie, donner la parole au silence, nous avons du moins la ressource de puiser, pour trancher la difficulté, à deux sources principales : les proverbes, d'une part, c'est-à-dire la Sagesse des nations, et, d'autre part, les pensées ou maximes des moralistes.

Comme il serait long et fastidieux de réunir en un faisceau tout ce qui a été dit pour ou contre la parole, pour ou contre le silence, nous nous bornerons à vous rappeler et à mettre en relief les maximes, pensées ou proverbes les plus saillants et les plus concluants.

Le roi Salomon, dans le livre des Proverbes, dit que le fou, même quand il se tait, est réputé sage et que celui qui ferme ses lèvres passe pour entendu.

Sophocle a dit que le silence était pour les femmes un ornement : γυναιξὶ κόσμον ἡ σιγὴ φέρει, et il l'a dit sans y mettre d'intention épigrammatique. On ne saurait en dire autant de Sganarelle. Il trouvait, lui aussi, que le silence convenait aux femmes, mais c'était au point de vue de sa tranquillité personnelle.

« Et qui est ce sot-là, dit-il à Géronte, qui ne veut pas que sa femme soit muette? Plût à Dieu que la mienne eût cette maladie, je me garderais bien de la vouloir guérir. »

Aristote pensait que le silence portait toujours avec lui sa récompense assurée : Σιγῆς ἀκίνδυνον γέρας, et Horace (Odes, liv. III, 2, v. 25) dit en parlant du silence que l'on doit garder sur les mystères sacrés :

Est et fideli tuta silentio merces.

Dans l'antiquité latine, Sénèque le philosophe, en particulier, a recommandé le silence comme une des vertus du sage, et après lui Publius Syrus a fait l'éloge du silence et en a vanté le mérite dans des maximes dont je vais citer quelques-unes :

Taciturnitas stulto homini pro sapientia est.
« Le silence d'un sot passe quelquefois pour sagesse. »

Et cette autre :

Vel taceas, vel meliora dic silentio.
« Vous devez vous taire, ou vos paroles doivent valoir mieux que votre silence. »

Denys Caton a également parlé du silence, et toujours avec éloge, dans quelques-uns de ses distiques.

Virtutem primam esse puta compescere linguam,
Proximus ille deo est qui scit ratione tacere.

« Sachez que la première des vertus est de retenir sa langue ; nul n'approche plus de la divinité que celui qui sait se taire à propos. »

Denys Caton, vous le voyez, ne marchande pas l'éloge. Dans un autre distique, il dit encore :

> Rumorem fuge, ne incipias novus auctor haberi ;
> Nam nulli tacuisse nocet, nocet esse locutum.

« Evitez les propos, de peur qu'on ne vous les impute ; il n'y a point de danger à se taire, il peut y en avoir à parler. »

Les proverbes français relatifs au silence et à la parole ne sont que des variations sur ces mêmes thèmes. En voici quelques-uns, choisis parmi bien d'autres :

Trop gratter cuit, trop parler nuit.
Il faut tourner sept fois sa langue dans sa bouche avant de parler.
De peu parler on n'est jamais repris.
Qui de tout se tait, de tout a paix.
Se taire ou bien dire.
Mieux vaut se taire que mal parler.

Et enfin ce dernier, qui est si souvent cité et qui nous vient des Arabes :

La parole est d'argent et le silence est d'or.

Tous, vous le voyez, sont unanimes à faire l'éloge du silence et à faire son procès à la parole.

Les mêmes idées sont exprimées, les mêmes recommandations sont faites ou rappelées par les moralistes français, et en particulier par La Bruyère, quand il nous dit :

« L'on se repent rarement de parler peu, très souvent de trop parler : maxime usée et triviale, que tout le monde sait et que tout le monde ne pratique pas. »

Et encore :

« C'est une grande misère que de n'avoir pas assez d'esprit pour bien parler, ni assez de jugement pour se taire. Voilà le principe de toute impertinence. »

La Fontaine a donné également donné au silence le pas sur la parole :

Il est bon de parler et meilleur de se taire.

à quoi il se hâte d'ajouter judicieusement :

Mais tous deux sont mauvais alors qu'ils sont outrés.

C'est vrai : *Ne quid nimis*, en cela comme en tout.

Pour en finir avec les citations relatives à la parole et au silence, je mettrai sous vos yeux les trois épigrammes suivantes.

La première est d'un vieux poète français contemporain et élève de Ronsard, Jacques Tahureau. La voici :

Oh ! que la langue est un mal dangereux !
Que c'est un mal plein de poison amère !
Oh ! que celui veut vivre malheureux
Qui parle trop et qui ne peut se taire !

On en voit mil et mil qui n'ayant peu
Se contenir de parler se lamentent ;
Mais on en voit au contraire bien peu
Qui, pour se taire, à la fin se repentent.

Le mal qui fait de la langue abuser,
C'est de tous maux assurément le pire,
Et la vertu qui plus est à priser
C'est de savoir beaucoup et de peu dire

Voici la deuxième :

Ce cher monsieur qui ne dit mot.
De sa langue a pourtant l'usage :
Si c'est un sage, il est bien sot ;
Si c'est un sot, il est bien sage.

Et enfin la troisième qui est du chevalier de Bonnard :

Ne parler jamais qu'à propos
Est un rare et grand avantage :
Le silence est l'esprit des sots
Et l'une des vertus du sage.

Il me semble ressortir des citations que je viens de mettre sous vos yeux, que les mérites accordés au silence sont négatifs ou qu'ils peuvent se ramener au principe de l'utilité bien entendue, ou, en d'autres termes, au principe de la prudence et de la sagesse dans la conduite de la vie. C'est là assurément de très grands mérites dont je ne prétends nullement contester ou rabaisser la valeur, mais je ne sais pas si, tout compte fait, et tout mis en balance, ce n'est pas à la parole qu'il faudrait attribuer le premier rang. Si j'étais appelé à formuler un avis définitif je dirais que le silence est assurément une grande puissance, mais que la parole, quand elle est éloquente, honnête, sincère et vraie, ou est une plus grande encore, ou plutôt je dirais, pour serrer de près ma pensée et la rendre d'une manière précise : le silence est une force, la parole est une puissance.

V.

Pour achever notre étude du silence, telle que nous l'avons conçue, j'ai encore à vous entretenir, Messieurs, du silence dans la nature. Le champ qui nous reste à parcourir est vaste encore : aussi, pour ne pas mettre votre bienveillante attention à une trop rude épreuve, nous efforcerons-nous d'atteindre le plus rapidement possible le terme de notre course et de franchir cette dernière étape *sans peser*, *sans rester*.

Le silence dont je m'occuperai tout d'abord est celui que j'appellerai le silence périodique de la nature, celui que ramène une loi de notre système planétaire, lorsque la nuit succède au jour. Ce silence, lorsque rien ne vient le troubler, est profond et solennel ; il est infini comme l'espace qui est son domaine, et il est, comme lui, impalpable, impassible et, si je puis dire, incorruptible. Ce sont ces caractères divers que lui prêtent et que lui ont toujours prêtés les écrivains qui en ont parlé, et l'un des plus grands poètes de l'antiquité latine, Lucrèce, parlant de ce silence de la nuit, en donne une idée singulièrement haute, quand il dit, en se servant d'une double image :

...... Severa silentia noctis.
Undique cum constent [1].

« Alors que règne dans l'espace tout entier l'austère silence de la nuit. »

[1] De natura rerum, liv. IV, v. 161, sqq.

expression qu'il reprend plus loin en disant *nox et noctis signa severa*[1]. Le calme et le repos dont le silence de la nuit est le symbole et l'image, ont, de tout temps, frappé l'imagination de l'homme, parce qu'ils lui rappellent, par opposition, le bruit et l'agitation du jour. Hélas ! c'est aussi avec le trouble de notre âme que souvent la nature endormie et silencieuse pendant la nuit offre un contraste trop sensible. Ce contraste nous attriste et nous serre le cœur, et il est rare que pendant le silence de la nuit nous nous sentions calmes comme la nature et apaisés comme elle. Il semble même que dans cette solitude, dans ce silence qui nous enveloppe de toute part, nous entendons se réveiller en nous nos soucis, nos peines, nos douleurs et aussi nos regrets ou nos remords. C'est cet état de notre âme que Virgile a peint avec une éloquence et une vérité singulières dans ce passage du IVe livre de l'*Enéide*, que je vous demande la permission de mettre sous vos yeux :

> Nox erat et placidum carpebant fessa soporem
> Corpora per terras, sylvæque et sæva quierant
> Æquora, quum medio volvuntur sidera lapsu,
> Quum tacet omnis ager, pecudes pictæque volucres,
> Quæque lacus late liquidos, quæque aspera dumis
> Rura tenent, somno positæ sub nocte silenti
> Lenibant curas et corda oblita laborum.
> At non infelix animi Phœnissa, neque unquam
> Solvitur in somnos, oculisve aut pectore noctem
> Accipit : ingeminant curæ, rursusque resurgens
> Sævit amor, magnoque irarum fluctuat æstu[2].

[1] De natura rerum, liv. V, v. 1,189.
[2] Enéide, IV, v. 522, sqq.

« Il était nuit, et les mortels fatigués goûtaient sur la terre les douceurs du sommeil; les forêts et les mers orageuses avaient fait silence : c'était l'heure où les astres ont accompli la moitié de leurs cours, où tout se tait dans la campagne; les troupeaux, les oiseaux au plumage varié, habitants des lacs tranquilles ou des campagnes buissonneuses, endormis dans l'ombre et le silence oubliaient leurs soucis et se reposaient de leurs fatigues. Mais le repos n'est pas fait pour l'infortunée Tyrienne, jamais elle ne se laisse aller au sommeil, ni ses yeux ni son cœur ne connaissent le calme de la nuit; ses douleurs redoublent, son amour se révolte plus poignant, son âme est en proie à tous les transports de la colère. » — Trad. Pessonneaux.

C'est avec un profond sentiment de tristesse et de mélancolie que nous envions à la nature ce calme que rien n'agite, ce silence que rien ne trouble, et c'est un sentiment d'amertume et de crainte que ce calme et ce silence nous inspirent lorsque nous nous reportons à notre infinie petitesse, à notre néant. C'est alors qu'un Pascal jette, avec tremblement, ce cri sublime de sa terreur : « Le silence éternel de ces espaces infinis m'effraie [1]. »

C'est que l'âme est, en effet, écrasée, anéantie devant l'immensité, et que dans ce silence se pose le problème de l'inconnu, le problème de notre destinée, insondable comme l'infini. Et cependant nous éprouvons un vague sentiment de confiance, et nous goûtons une sorte de repos ineffable en attendant les lieux chanter, au milieu de ce silence solennel, les louanges d'une providence tutélaire et bienveillante : *Cœli enarrant gloriam Dei*. Ce double sentiment d'effroi mystérieux et de rassérènement consolateur a été poétiquement rendu dans des vers inoubliables de notre grand poète Lamartine, et qui sont au

---

[1] *Pensées*, XXV, 17 bis.

nombre des plus beaux que son génie lui a inspirés.
Laissez-moi les rappeler encore à votre mémoire :

> Cependant la nuit marche, et sur l'abîme immense,
> Tous ces mondes flottants gravitent en silence
> Et nous même avec eux, emportés dans leur cours,
> Vers un port inconnu nous avançons toujours.
> Souvent pendant la nuit, au souffle du zéphyre,
> On sent la terre aussi flotter comme un navire ;
> D'une écume brillante on voit les monts couverts
> Fendre d'un cours égal le flot grondant des airs :
> Sur ces vagues d'azur où le globe se joue,
> On entend l'aquilon se briser sur la proue,
> Et du vent dans les mâts les tristes sifflements,
> Et de ses flancs battus les sourds gémissements,
> Et l'homme sur l'abîme où sa demeure flotte,
> Vogue avec volupté sur la foi du pilote !
> Soleils, mondes errants qui voguez avec nous,
> Dites, s'il vous l'a dit, où donc allons-nous tous ?
> Quel est le port céleste où son souffle nous guide ?
> Quel terme assigne-t-il à notre vol rapide ?
> Allons-nous sur des bords de silence et de deuil,
> Echouant dans la nuit sur quelque vaste écueil,
> Semer l'immensité des débris du naufrage ?
> Ou, conduits par sa main sur un brillant rivage,
> Et sur l'ancre éternelle à jamais affermis,
> Dans un golfe du ciel aborder endormis [1] ?

Le silence de la nuit et des espaces célestes exerce aussi sur notre imagination une extraordinaire influence. Notre fantaisie, sous l'empire d'une sorte d'hallucination douce et mélancolique, se joue dans le monde surnaturel qu'elle peuple de fantômes gracieux et bienfaisants : les

---

[1] *Nouvelles Méditations*, VIII, *Les Étoiles*.

génies, les fées, les lutins, les péris et les sylphes sont les hôtes de la nuit et du silence. Aimables visions, filles de nos rêveries, fantômes légers, souffles aériens qui vivez et voltigez dans la nuit silencieuse, bercez-nous, bercez-nous encore au-dessus des réalités terrestres et versez du moins dans nos âmes l'oubli momentané des soucis et des misères de la vie !

Le silence de la nuit emprunte aux ténèbres qui enveloppent la terre et à l'obscure clarté, comme dit Corneille, qui tombe des étoiles, une beauté sévère et sereine, mais il est une autre heure où le calme et le silence de la nature ont un caractère qui n'est pas moins beau ni moins séduisant. C'est l'heure du matin, la première heure du jour. Aspirer, à la campagne, la fraîcheur silencieuse d'une belle matinée, jouir de la vue du ciel bleu vers lequel montent ces vapeurs légères et transparentes que, bientôt, vont dissiper les rayons puissants du soleil, savourer des yeux cette verdure rafraîchie par la rosée salutaire de la nuit, quel baume délicieux pour nos yeux fatigués par l'insomnie, quel réconfort pour nos âmes inquiètes et troublées !

Le silence du matin est plein de vie, de force et d'éclat, c'est un silence jeune et gai, tandis que le silence de midi, alors que la terre est embrasée par les feux ardents du soleil, est un silence lourd, fatigant, monotome. Cet aspect morne de la terre engourdie de chaleur est rendu avec un rare bonheur de touche et de coloris par un poète contemporain, Leconte de Lisle, dans une pièce bien connue, dont je vais vous citer quelques strophes :

> Midi, roi des étés, répandu sur la plaine
> Tombe en nappes d'argent des hauteurs du ciel bleu;
> Tout se tait. L'air flamboie et brûle sans haleine :
> La terre est assoupie en sa robe de feu.

L'étendue est immense et les champs n'ont point d'ombre,
Et la source est tarie où buvaient les troupeaux ;
La lointaine forêt, dont la lisière est sombre,
Dort là-bas immobile en un pesant repos.

Ce silence de la terre à cette heure brûlante n'a pas moins bien inspiré un autre poète contemporain, Lacaussade. Vous allez en juger :

Midi, l'heure de feu, l'heure à la rouge haleine !
Sur les champs embrasés pèse un air étouffant :
Le soleil darde à pic ses flammes sur la plaine ;
Le ciel brûle implacable et la terre se fend.

La nature n'a plus ni brises ni murmures,
Le flot tarit, dans l'herbe on n'entend rien frémir ;
Les pics ardents, les bois aux muettes ramures,
D'un morne et lourd sommeil tout semble au loin dormir.

Écoutez enfin un sonnet d'un autre poète, où vous trouverez un souffle vraiment poétique, et où la physionomie silencieuse de la terre à l'heure de midi me semble avoir été rendue avec bonheur. Ce sonnet est l'œuvre d'un ancien professeur de l'Université, mort en 1861, M. Edmond Arnould :

Chaste reine des Cieux, beauté mélancolique,
J'aime ton doux regard, j'aime ton pâle front.
J'aime à voir la nature au sein large et fécond
Assoupir sa vigueur à ta clarté mystique.

Je cache dans les plis de ton voile pudique
Des rêves infinis qui jamais n'écloront...
Mais mon esprit au ciel veut-il monter d'un bond ?
Il faut l'ardeur du jour à son vol énergique.

Je vais alors, je vais dans la campagne en feu
Respirer à midi cette haleine de Dieu
Que le soleil exhale en sa toute puissance,

Quand la terre s'endort dans ses baisers brûlants,
Sentant, ivre d'amour et d'immense espérance,
Ses innombrables fils remuer dans ses flancs.

Au silence embrasé de la terre à midi, succèdera encore avant la nuit le silence de l'heure qui suit le coucher du soleil. C'est un silence qui se fait par une insensible gradation, tandis que s'éteignent les feux du jour. Ce silence, pour être moins profond que celui de la nuit, n'en est pas moins poétique ; il nous inspire des pensées vagues et douces comme les vapeurs bleuâtres qui ondulent dans la plaine, comme les dernières lueurs que jettent les feux pâlissants du soleil. Tout se calme, tout s'endort. Prêtez l'oreille, plus de bruit : tout devient silence, obscurité, repos.

Le silence des montagnes a ce caractère particulier que c'est pendant le jour surtout, alors même que le soleil les éclaire de sa plus vive lumière, qu'il revêt, à nos yeux, le plus de grandeur et de solennité ; l'horizon nous apparaît alors sans bornes et nous donne, comme le ciel qui est sur nos têtes, la sensation de l'infini. Sur les cîmes élevées, au milieu d'une atmosphère sereine, lumineuse et subtile, le calme est absolu, la solitude immense et le silence profond, et en quelque sorte visible ; aucun cri, aucun bruit, aucun murmure ne trouble ces espaces sans limites et sans écho.

Nous ne sommes plus sur la terre, dont le fracas ne peut pas arriver jusqu'à nous, et c'est là sans doute ce qui fait que le silence des montagnes exerce sur nous un attrait particulier.

« Fatigués, dit M. Alfred Maury, de rencontrer sans cesse sur le globe la trace de l'homme et l'œuvre de ses mains, nous recherchons les régions où il n'a pas encore pénétré. Il règne sur les hauts sommets un silence, un calme apparent, une fraîcheur et comme un parfum d'éternité qui nous rapprochent, pour ainsi dire, des conditions de l'espace infini et nous font planer au-dessus des agitations et des misères du sol habité. La Bible représente Moïse gravissant le Sinaï pour y converser avec Dieu et recevoir directement ses volontés; c'est là l'image des impressions produites sur nous par les lieux élevés; nous nous trouvons, en effet, sur la cime des monts, face à face avec la Divinité.

« C'est une impression générale, avait déjà dit Jean-Jacques Rousseau, qu'éprouvent tous les hommes, que sur les hautes montagnes les méditations y prennent je ne sais quel caractère grand et sublime, proportionné aux objets qui nous frappent, je ne sais quelle volupté tranquille qui n'a rien d'âcre et de sensuel. Il semble qu'en s'élevant au-dessus du séjour des hommes, on y laisse tous les sentiments bas et terrestres, et qu'à mesure qu'on approche des régions éthérées, l'âme contracte quelque chose de leur inaltérable pureté [1]. »

Le caractère en quelque sorte divin du silence des montagnes a inspiré au savant Ramond une page que je vous demande la permission de vous citer et que, je le crois, vous trouverez belle encore après celle que je viens de vous lire. La voici :

« En vain, nous dit-il dans la relation d'un de ses voyages au mont Perdu, dans les Pyrénées, en vain je tenterais de décrire ce que l'apparition du mont Perdu a d'inspiré, d'éton-

---

[1] Alfred Maury, *Les Alpes.*

nant, de fantastique, au moment où le rideau s'abaisse, où la porte s'ouvre, où l'on touche enfin le seuil du gigantesque édifice. Les mots se traînent loin d'une sensation plus rapide que la pensée, on n'en croit pas ses yeux; on cherche autour de soi un appui, des comparaisons; tout s'y refuse à la fois; un monde finit, un autre commence : un monde régi par les lois d'une autre existence. Quel repos dans cette vaste enceinte où les siècles passent d'un pied plus léger qu'ici-bas les années ! Quel silence sur ces hauteurs où un son, quel qu'il soit, est la redoutable annonce d'un grand et rare phénomène ! Quel calme dans l'air et quelle sérénité dans le ciel qui nous inondait de clartés ! Tout était d'accord, l'air, le ciel, la terre et les eaux : tout semblait se recueillir en présence du soleil et recevoir son regard dans un immobile respect [1]. »

Le silence des montagnes, Ramond vient de nous le dire, est d'une si grande et ineffable beauté, que le langage humain est impuissant à en traduire la sublimité; mais il est d'autres silences dont le charme discret et mystérieux inspire à l'âme une douce et vague rêverie : je veux parler du silence des bois et du silence des vallées. Je vais vous en dire quelques mots :

..... O qui me gelidis in vallibus Hemi
Sistat et ingenti ramorum protegat umbrâ ! [1].

« Qui me transportera, s'écrie Virgile, dans les frais vallons de l'Hemus et couvrira ma tête de l'ombrage épais des bois ! »

C'est dans les bois, en effet, que l'on trouve de douces et calmes retraites qui conviennent à la rêverie. Le silence mélancolique et mystérieux des bois et des vallées a toujours eu pour l'homme un charme pénétrant, une sorte d'attrait fascinateur, et en voyant leur calme presque sacré,

[1] Ramond. *Voyage au mont Perdu.*

on s'explique que « les anciens, frappés de respect à la vue de ces lieux et d'un vague instinct de l'œuvre mystérieuse de la nature, les aient révérés et en aient fait la demeure de quelque être supérieur, heureux, tranquille dans ces retraites profondes [1]. »

Les bois, de nos jours, ne sont plus peuplés de ces gracieuses divinités qu'avait créées la riante imagination de l'antiquité, mais nous y trouvons toujours le calme, la solitude et le silence ; nous allons y oublier les soucis et les fatigues de la vie, et nous leur demandons quelquefois de poétiques inspirations.

..... Pour animer ma voix
J'ai besoin du silence et de l'ombre des bois.

Voilà ce que nous dit Boileau, qui vivait cependant dans un siècle qui ne passe pas pour avoir compris ni aimé la nature, comme on a fait depuis que Jean-Jacques Rousseau nous en a dévoilé le sens et la beauté.

Le silence particulier des bois et ce que dit ce silence a été, à mon avis, très heureusement rendu dans un sonnet moderne que je vais, si vous le voulez bien, mettre sous vos yeux.

Il est plus d'un silence, il est plus d'une nuit,
Car chaque solitude a son propre mystère :
Les bois ont donc aussi leur façon de se taire
Et d'être obscurs aux yeux que le rêve y conduit.

On sent dans leur silence errer l'âme du bruit
Et dans leur nuit filtrer des sables de lumière.
Leur mystère est vivant : chaque homme à sa manière,
Selon ses souvenirs, l'éprouve et le traduit.

[1] Alfred Tonnellé. *Notes de Voyages.*

> La nuit des bois fait naître une aube de pensées,
> Et favorable au vol des strophes cadencées,
> Leur silence est ailé comme un oiseau qui dort,
>
> Et le cœur dans les bois se donne sans effort :
> Leur nuit rend plus profonds les regards qu'on y lance,
> Et les aveux d'amour se font de leur silence [1].

Qui de nous ne connaît et n'aime ces doux silences de nos bois et ces retraites fraîches et muettes de nos vallées; mais il est d'autres silences que l'homme n'a pas toujours la possibilité de connaître et de goûter. Tels sont les silences de la mer, des déserts et des ruines. Leur beauté et leur poésie seraient inconnues de bien des hommes si de hardis voyageurs ne nous avaient fait connaître leurs impressions, et ne nous avaient dit, avec leur talent, ce qu'ils ont vu, ce qu'ils ont senti. C'est donc à eux que nous allons demander de soulever le voile qui nous cache ces grands silences de la nature. Un officier de marine, qui est en même temps un écrivain d'une rare distinction, a laissé dans un de ses romans, dont l'apparition est récente, une heureuse esquisse du silence de la mer.

« La *Sybille*, nous dit-il, ne marchait plus; elle était lente et paresseuse, elle avait des mouvements de quelqu'un qui s'endort. Dans la grande chaleur humide que les nuits même ne diminuaient plus, les choses comme les hommes se sentaient pris de sommeil. Peu à peu, il se faisait dans l'air des tranquillités étranges..., les voiles, les cordages pendaient inertes comme choses mortes; nous flottions sans vie comme une épave..., il faisait chaud, chaud et la lumière avait une splendeur surprenante, et la mer morne était d'un bleu laiteux, d'une couleur

---

[1] Sully Prudhomme. *Les Solitudes.*

de turquoise fondue... et les nuits qui venaient après, les nuits mêmes étaient lumineuses. Quand tout s'était endormi dans des immobilités lourdes, dans des silences morts, les étoiles apparaissaient en haut plus éclatantes que dans aucune autre région du monde [1]. »

Cette saisissante peinture nous fait bien comprendre combien ce silence de la mer est lourd, alors que l'atmosphère est embrasée et que les vents n'ont plus de souffle; l'immobilité de ce silence s'ajoute à l'immensité de l'Océan, et ce qui règne sur la plaine liquide c'est bien un silence mort, le seul écho de l'espace infini.

Le silence du désert n'est pas moins profond ni moins intense; son domaine, au lieu d'être la surface sans bornes de l'Océan, est la plaine aride et sans mouvement de la terre. Le silence de la mer n'est que passager, ce n'est qu'à de rares intervalles que la mer, qui est le mouvement éternel, se calme et se tait, tandis que le désert est comme enseveli dans un silence que jamais aucun bruit ne réveille. La peinture que Buffon nous fait du désert peut nous donner une idée de ce calme stupéfiant, de ce silence qui règne absolu dans ces espaces arides et sans bornes.

« Qu'on se figure un pays sans verdure et sans eau, un soleil brûlant, un ciel toujours sec, des plaines sablonneuses, des montagnes encore plus arides, sur lesquelles l'œil s'étend et le regard se perd, sans pouvoir s'arrêter sur aucun objet vivant; une terre morte et pour ainsi dire écorchée par les vents, laquelle ne présente que des ossements, des cailloux jonchés, des rochers debout ou renversés; un désert entièrement découvert, où le voyageur n'a jamais reposé sous l'ombrage, où rien

---

[1] Pierre Loti. *Mon frère Yves*, p. 69 sqq.

ne l'accompagne, rien ne lui rappelle la nature vivante : solitude absolue mille fois plus affreuse que celle des forêts [1]. »

Ce tableau du désert porte l'empreinte magistrale de Buffon, et cependant quelques traits nouveaux et vrais y seront ajoutés encore par un peintre contemporain, qui maniait avec un égal talent la plume et le pinceau.

« C'est une terre sans grâce, nous dit cet éminent coloriste, en parlant du Sahara, sans douceurs, mais sévère, un grand pays de collines, expirant dans un pays plus grand encore et plat, baigné d'une éternelle lumière; assez vide, assez désolé pour donner l'idée de cette chose surprenante qu'on appelle le désert, avec un ciel toujours à peu près semblable, du silence et de tous côtés des horizons tranquilles [2]. »

Et le Sahara n'est que le seuil du vrai désert. Pénétrons donc un peu plus avant avec ce grand écrivain paysagiste, et voyons avec lui ce qu'est enfin le désert, à l'heure de feu, à l'heure où il revêt toute son étrange beauté.

« C'est l'heure où le désert se transforme en une plaine obscure. Le soleil suspendu à son centre, l'inscrit dans un cercle de lumière dont les rayons égaux le frappent en plein, dans tous les sens et partout à la fois. Ce n'est plus ni de la clarté, ni de l'ombre; la perspective indiquée par les couleurs fuyantes cesse à peu près de mesurer les distances, tout se couvre d'un ton brun prolongé, sans rayure, sans mélange et plat comme un plancher. Il semble que le plus petit objet saillant y devrait apparaître : pourtant on n'y découvre rien; même on ne saurait plus dire où il y a du sable, de la terre ou des parties pierreuses, et l'immobilité de cette mer solide devient alors plus

---

[1] Buffon. *Histoire naturelle. Les Quadrupèdes.*
[2] Eugène Fromentin. *Un été dans le Sahara.*

frappante que jamais. On se demande en le voyant commencer à ses pieds, puis s'étendre, s'enfoncer vers le sud, vers l'est, vers l'ouest, sans route tracée, sans inflexion, quel peut être ce pays silencieux, revêtu d'un ton douteux qui semble la couleur du vide [1]. »

Ce portrait du désert, si ressemblant, sans doute parce qu'il a été vu et décrit par un peintre, n'est pas indigne de figurer à côté de la page de Buffon, dont je l'ai fait précéder, et nous représente l'image la plus fidèle, j'allais dire la plus vivante, de ce qui est pour nous l'image et l'emblème du silence immobile et sans vie.

C'est la vie que nous chercherions plus vainement encore dans les ruines qui ne sont qu'une sorte de désert d'une étendue bornée, puisqu'elles ont pour limites les limites mêmes de la puissance de l'homme; « leur silence et leur solitude sont aussi vastes que le bruit et le tumulte des hommes qui se pressaient jadis sur ce sol [2]. » L'absence du bruit est ce qui nous frappe d'abord dans ces témoins périssables eux-mêmes de la chute d'empires et de cités considérables, *etiam periere ruinæ*, a dit Lucain, *Pharsale*, IX, v. 969, lorsqu'il nous représente César contemplant les ruines de Troie; mais ce qui parle aussi à notre imagination et ce qui fait l'éloquence des ruines, c'est la comparaison qu'elles font naître avec ces gloires éteintes, dont il ne reste plus que des débris inanimés. Le silence des ruines, comme celui des cimetières, ces nécropoles bâties à côté même des cités vivantes, n'est-il pas l'image du silence dans lequel tombe toute chose humaine, ce grand silence du passé qui nous engloutira demain tout

---

[1] Eugène Fromentin. *Un été dans le Sahara*.
[2] Chateaubriand. *Lettre à Fontanes*.

entiers. Que ne pouvons-nous, avant l'heure si proche pourtant du repos suprême et de l'oubli, jeter dans le gouffre ouvert devant nous, nos angoisses, nos douleurs, nos peines et tous les soins qui nous dévorent.

J'ai essayé de vous faire voir ce qu'il y a de beau, d'imposant, de sublime, dans les grands silences de la nature. L'influence qu'ils exercent sur nos âmes est saine, fortifiante et moralisatrice, mais elle ne peut se produire qu'à de rares intervalles et dans des conditions qui ne se trouvent pas souvent réunies. Or, ce qu'il faut à l'homme qui n'a pas toujours la faculté ni le loisir d'interroger ces grands silences, c'est avoir en quelque sorte sous sa main ou près de lui la solitude et le silence. Pour que son existence troublée, fébrile, inquiète, ne soit pas un fardeau qui dépasse son énergie, ses forces et sa patience, il faut qu'il ait à sa portée un peu de paix, un peu de calme; il faut qu'il puisse trouver quelque part, comme dit le poète, des lieux où l'on oublie. Eh! bien, s'il le veut, c'est dans sa propre demeure qu'il trouvera ce baume à ses soucis quotidiens ; il trouvera la solitude et le silence dans cet espace clos de quatre murs, dans lequel il abrite sa vie, ses affections, ses joies et ses douleurs. Il n'y trouvera pas seulement l'heure du sommeil qui suffit au corps, il y trouvera aussi pour son âme l'heure du silence et du recueillement. Et c'est là ce qui fait la sainteté, si je puis dire, de la demeure de l'homme ; et nous avons voulu sans doute en bien marquer le caractère inviolable et sacré, lorsque nous avons donné le nom d'*intérieur* à la maison fermée aux bruits du dehors et aux regards indiscrets. Les anciens le lui avaient donné avant nous en l'appelant Penates (de *penus* ou *penum*, d'où *penetro*, *penes*, exprimant l'idée d'intérieur). C'est qu'en effet la maison qui était la demeure aussi des dieux de la famille était vraiment pour eux un asile, un sanctuaire. La maison moderne n'est plus un temple au point de vue religieux, mais elle reste et doit rester un temple au point de vue de la vie de famille. On sait le culte des Anglais pour le *home*, qu'ils ont, en quelque sorte, élevé à la hauteur d'une institution. L'amour du *home* dans une nation donne la mesure de la moralité de cette nation quant à la vie de famille, et seule la vie de famille abrite et féconde les énergies morales et les aspirations saines de tous ceux qui la pratiquent et qui l'aiment. Plaignons ceux qui ne se trouvent pas bien dans leur intérieur, qui ne goûtent pas au foyer domestique la seule satisfaction qui contente notre cœur, la seule vraie félicité dont nous puissions jouir sur terre. Plaignons-les, et n'opposons aux arguments subtils et sophistiques de ces affamés de la vie extérieure que la seule raison peut-être qui fait qu'ils n'aiment pas leur intérieur, c'est qu'ils n'y restent pas.

Le silence du *home* est toujours un bien, mais il est de plus une nécessité et un besoin pour l'homme d'étude et de labeur intellectuel; aussi porte-t-il le nom si connu de silence du cabinet. Ce silence est, en effet, indispensable aux travaux de l'esprit, à la réflexion et à la méditation; il y a sans doute des hommes qui ont la faculté de s'abstraire au milieu du bruit, de s'isoler tout en n'étant pas seuls, mais ils sont rares, et la solitude et l'absence de bruit sont en général indispensables à qui travaille; aussi les heures choisies comme les plus propices sont-elles les heures du soir ou du matin.

Le bonheur de l'étude dans le calme et le silence, ce charme qui exerce sur nous une sorte de fascination et nous empêche d'avoir conscience de la fuite des heures, a été peint avec une grâce pleine de fraîcheur par un poète dont la renommée a été aussi paisible et modeste que sa vie, par Pierre Lebrun, qui nous dit :

.....
Dans la saison brumeuse où les champs sont déserts,
Oh ! que l'étude alors est douce, est délectable !
Quel charme, assis en paix, le coude sur la table,
De lire, de rêver tranquille en son réduit,
Près du feu rayonnant qui brûle à petit bruit !
Le soir, quand le silence occupe nos demeures,
Que seules de la nuit se répondent les heures,
Qu'on aime à prolonger le doux travail des jours !
.....
Mais qui n'a pas joui des charmes du matin,
De l'heure où réveillé par le timbre argentin
Je me lève avant l'aube, alors que tout sommeille,
Et ranime au foyer la cendre de la veille ?
Il fait nuit : du matin le calme et la fraîcheur
D'un plaisir inconnu fait palpiter mon cœur.
Dans le sommeil de tous trouvant ma solitude,
Près du foyer brillant, doux ami de l'étude,
Assis à la clarté du flambeau matinal,
Je médite Corneille, ou Montaigne, ou Pascal,
Ou les hommes fameux de Rome ou de la Grèce,
Et de leurs vieux écrits l'éternelle jeunesse.
En l'absence du bruit, des hommes et du jour,
Leurs livres mieux goûtés m'inspirent plus d'amour [1].

Le silence si nécessaire à l'étude on est toujours sûr de le trouver, avec toutes les ressources pour les travaux de l'esprit, dans de vastes demeures qu'on pourrait appe-

---

[1] Pierre Lebrun. *Le Bonheur de l'Étude.*

ler les *cités des livres*, dans les bibliothèques publiques. Le calme et la paix règnent dans ces grandes salles de lecture, dans ces asiles de la science ; nul bruit ne trouble ce studieux silence qui enveloppe l'esprit qui lit ou qui médite, cette atmosphère sereine où la pensée respire heureuse et libre. L'étendue de ces bibliothèques et les vastes proportions de ces salles de lecture en protégent le sévère et docte silence ; la plupart, je parle du moins des bibliothèques de Paris, sont, de plus, situées dans des quartiers qui sont eux-mêmes calmes et paisibles ; la bibliothèque nationale est sise, par exception, dans un des quartiers les plus vivants et les plus animés de Paris, et cependant le bruit et le fracas des rues qui l'entourent expirent au pied de murs épais et protecteurs. C'est également en paix et en sécurité que les échos de la Sorbonne et du Collège de France redisent les cours éloquents et les savantes leçons qui assurent leur impérissable renommée. Des précautions minutieuses et scientifiques ont été prises pour isoler, même des plus légers bruits, les salles de l'Observatoire, dont rien ne saurait, sans un grave préjudice, troubler le profond silence et le calme absolu. C'est dans un quartier retiré et tranquille que l'on a construit ce monument, où tout a été fait et calculé pour la paix et le recueillement des esprits occupés à des recherches ardues et abstraites.

Le calme et le silence ne conviennent pas moins aux églises et aux édifices religieux, et il n'est pas moins nécessaire que l'homme puisse y chercher et y trouver un asile et un refuge contre le bruit et le tumulte du dehors. Sans doute, la pensée intérieure peut, partout, s'élever jusqu'à Dieu, mais il est bon que l'âme puisse s'isoler et se recueillir dans la maison consacrée au culte de la divinité. Le silence des cathédrales porte à la rêverie comme aussi la hardiesse et l'élévation de leurs voûtes. Une sorte de beauté mystique et ineffable idéalise encore, s'il est possible, ce silence lorsque les rayons du soleil pénétrent à travers les vitraux et s'y teignent de leurs diverses couleurs, fondues dans une atmosphère harmonieuse. Un sentiment de profonde mélancolie berce doucement nos âmes dans le calme de cette solitude vague et recueillie. C'est là surtout que l'âme peut s'élever vers Dieu, qui lui apparaît alors vêtu de majesté, de gloire et de silence.

C'est la paix et le recueillement que cherchaient les hommes qui ont construit, dans les lieux élevés surtout, les couvents, les monastères, les chartreuses et les cloîtres, ces retraites silencieuses qui sont les gardiennes et les confidentes des ardeurs contenues, des aspirations pieuses, des saintes espérances, des repentirs douloureux et des mélancolies orageuses ou soumises. C'est dans ces calmes asiles que les cœurs malades ou découragés promènent en silence les regrets amers du passé et les douces espérances de l'avenir. *Io vo gridando pace, pace*, c'était le cri de Pétrarque, et c'est encore le cri de toutes les âmes blessées et meurtries, qui demandent au silence et à la solitude un abri contre les bruits de l'orage et de la tempête.

Écoutons ce que dit Lamartine dans la Méditation qu'il a improvisée à la Grande-Chartreuse :

Paisibles habitants de ces saintes retraites,
Comme au pied de ces monts où priait Israël,
Dans le calme des nuits, des hauteurs où vous êtes
    N'entendez-vous donc rien du ciel ?

> Ne voyez-vous jamais les divines phalanges
> Sur vos dômes sacrés descendre et se pencher?
> N'entendez-vous jamais des doux concerts des anges
> Retentir l'écho du rocher?

Ah! sans doute, le ciel n'est pas muet pour vous, et cependant cette paix que vous goûtez n'est pas encore la paix suprême, et celle à laquelle vous aspirez; vous aurez à la demander à la mort, qui est l'avènement de l'âme à la vie future, et qui seule est, au regard de la terre et du monde, le gage et le symbole de l'inaltérable repos et de l'éternel silence.

VI.

Je ne prolongerai pas davantage, Messieurs, la communication que j'avais à vous faire aujourd'hui, et dans la partie de mon sujet que j'ai traitée, j'ai sans doute omis bien des choses, laissé en oubli des points intéressants ou des côtés curieux de cette question du silence dans l'homme, dans la société et dans la nature; je le sais, je le reconnais et, si vous le voulez bien, je vous présenterai mon excuse en vous rappelant et en m'appliquant ce vers de Voltaire :

> Le secret d'ennuyer est celui de tout dire.

D'autre part, quelque nombreuses que soient les omissions inévitables que j'ai pu faire, j'aurais dû, dans votre intérêt comme dans le mien, m'inspirer de ce proverbe que je vous ai cité : que la parole est d'argent et que le silence est d'or ; ne l'ayant pas fait, si l'un de vous voulait être mon avocat et prendre en main ma défense, je ne pourrais assurément pas lui demander de plaider *non coupable*, mais je le prierais d'obtenir au moins pour moi le bénéfice des circonstances atténuantes. En effet, en prenant la parole aujourd'hui devant vous, j'ai obéi à un article formel de votre règlement, et je n'étais pas libre de garder le *silence*.

www.ingramcontent.com/pod-product-compliance
Lightning Source LLC
LaVergne TN
LVHW050607090426
835512LV00008B/1378